嬗变与走向：

美国学前课程发展变革的历史研究

孙贺群◎著

中国社会科学出版社

图书在版编目（CIP）数据

嬗变与走向：美国学前课程发展变革的历史研究/孙贺群著. —北京：
中国社会科学出版社，2017.12
ISBN 978 - 7 - 5203 - 1649 - 1

Ⅰ.①嬗…　Ⅱ.①孙…　Ⅲ.①学前教育—课程—教学研究—美国
Ⅳ.①G619.712

中国版本图书馆 CIP 数据核字（2017）第 299598 号

出 版 人　赵剑英
责任编辑　马　明
责任校对　胡新芳
责任印制　王　超

出　　　版　中国社会科学出版社
社　　　址　北京鼓楼西大街甲 158 号
邮　　　编　100720
网　　　址　http://www.csspw.cn
发 行 部　010 - 84083685
门 市 部　010 - 84029450
经　　　销　新华书店及其他书店

印　　　刷　北京君升印刷有限公司
装　　　订　廊坊市广阳区广增装订厂
版　　　次　2017 年 12 月第 1 版
印　　　次　2017 年 12 月第 1 次印刷

开　　　本　710×1000　1/16
印　　　张　13
插　　　页　2
字　　　数　201 千字
定　　　价　56.00 元

序

　　课程是学校教育的基础与核心。古今中外，课程问题一直是教育界探讨争论最为激烈的问题之一，教育改革往往围绕课程改革展开，这在学前教育领域也不例外。透过学前课程发展变革脉络，能够看到不同时代、不同立场的人对学前教育所持主张、所施加影响和所抱期望。可以说，学前课程是各种学前教育思想集散地，也是各种教育方法的练习场，更是关系到每一位儿童的发展、关系到几代人生命质量、关系到国家前途和民族命运的宏大工程。

　　我国学前课程的发展史，可以说是一个借鉴、学习外国课程理论与实践的历史。自20世纪80年代以来，改革开放的号角吹响了历史的新纪元。我国学前教育工作者又一次把目光投向了西方，开始重视西方的学前课程，并在实践中引入了多种他国课程模式。在这一过程中，备受瞩目的就是美国，不管是美国本土的课程还是其从别国移植的课程都成了我国效仿的对象。然而，由于对各种课程方案缺乏深入的研究，往往是模仿了其"外在形式"而漏掉了"内在精神"，或者根本就是一种不顾国情的盲目模仿，从国外移植的课程变成了"没有灵魂的空壳"。

　　要学习美国的学前课程，就必须把它放到美国的背景下去透视，深入到其自身的发展脉络中去解读。考察美国学前课程的发展历史，有助于我们在对其进行模仿时进行更多的思考，更具有批判性地评价每一种课程模式，更加深入地了解美国学前课程的优势和劣势所在，知其利弊得失，形成自己权衡取舍的广阔视野。

　　本书运用历史文献法、案例分析法、比较法等，对美国学前课程发展演变的历程进行了研究。本书主要回答两个问题：一个是"是什么"，即美国学前课程的演进轨迹是什么样的？另一个是"为什么"，即美国学前课程为什么会沿这样的轨迹发展演进？首先，本书主要以时间为轴，以美国学前课程根本目标取向的变化为线索，将美国学前课程的历史发展进程分为四个发展阶段，即美国学前课程在1860—1960年的百年发展中走过了理念主义—实用主义—主情主义—主智主义的嬗变之路。在经历了三次重大的时代转型之后，当代美国学前课程走向了变革新阶段，即课程在"发展取向"与"学业取向"之间不断摇摆，并逐渐呈现出整合的趋势。这是一个动态叙事的过程，回答了"是什么"这个问题。

其次，本研究将美国学前课程的演变放置在整个时代和社会的大背景中加以考察，揭示出学前教育与社会各方面变革运动之间错综复杂的关系。这是静态分析的过程，试图回答"为什么"这个问题。具体说来，20世纪初至30年代的实用主义学前课程的产生以实验心理学和实用主义哲学的发展为大背景，深受霍尔、杜威等进步主义者的影响，其中最具代表性的实用主义课程就是"社会化课程"和"行为课程"。进步主义者进行实践探索的同时与保守主义者进行了激烈的论战，最终取得胜利。这一时期，美国学前课程的发展特点是从"保守"走向"进步"。20世纪30年代至60年代的主情主义学前课程重视儿童情感发展，以保证儿童个体精神健康和人格完整为目标。美国主情主义学前课程繁荣于经济萧条和二战爆发之际，以弗洛伊德的精神分析心理学和格塞尔的成熟论为理论基础，深受英国保育学校课程的影响。这一时期美国学前课程变革的发展特点是从"实用"走向"自由"。20世纪60年代至80年代的主智主义学前课程致力于促进儿童认知能力发展，为将来学业做准备。这是美国学前教育史上一个独特的发展时期，各种各样的实验性课程如雨后春笋般涌出，不同课程在理念上和实践中都存在着严重分歧。发展—互动课程、贝瑞特—恩格尔曼课程、高瞻课程和凯米—德弗里斯课程是三种具有代表性的主智主义课程方案。它们在理论基础、目标取向、内容选择、实施过程等几个方面都存在着差异。20世纪80年代至20世纪末美国学前课程未发生大的变革，而是在"学业取向"与"发展取向"之间摇摆，并逐渐呈现出整合的趋势，这也是20世纪美国学前课程发展的第四阶段。

当然，促进美国学前课程嬗变的原因有很多，但探寻美国学前课程发展的动力机制最根本的是两条思路：从社会变迁的角度寻找外部原因；

从其自身发展过程，特别是理论建构过程所经历的变革探析其内部原因。美国学前课程是在外部推力与内部动力共同作用下发生变革的。但外部原因与内部原因并不是相互独立、毫不相干的两种作用力，而是彼此交织缠绕在一起，或者说二者是以一种"互构"的方式螺旋式向前发展。这一问题涉及的层面很多，对其进行透视、阐释、解构的过程将相当繁杂，需要研究者具备深厚的学术积累、敏锐的学术洞察力和广博的学术视野。而本人自愧在这些方面有所欠缺，因此在整个研究过程中虽然竭尽全力上下求索，但仍然存在很多困惑、不足与疏漏，有待于今后继续思考与完善，也恳请同行与读者批评指正。

孙贺群

2017 年 9 月 1 日

"所有的教育工作者，包括课程专家，需要一种历史的观点把过去和现在整合起来。理解历史不仅帮助我们在抽象的和现实的世界中，不要重蹈历史的错误，而且让我们更好地为现在做准备。"①

——题记

---

　　① ［美］艾伦·C. 奥恩斯坦、弗朗西斯·P. 汉金斯：《课程：基础、原理和问题（第三版）》，柯森主译，江苏教育出版社 2002 年版，第 75 页。

目　录

导　论

一　研究缘起

（一）时代背景：学前课程的发展成为世界学前教育关注的焦点

课程是学校教育的基础与核心。古今中外，课程问题一直是教育界探讨争论最为激烈的问题之一，教育改革往往都是围绕课程改革展开，在学前教育领域也不例外。透过学前课程发展变革脉络，可以看到不同时代、不同立场的人对学前教育所持主张、所施加影响和所抱期望。可以说，学前课程是各种学前教育思想集散地，同时也是各种教育方法的练习场，学前课程的变革能反映出一个时代学前教育的发展方向。

走向新世纪，一股被称为 21 世纪旋风的教育改革浪潮席卷了全球。在这一轮新的教育改革浪潮中，最受关注的就是基础教育课程改革。无论是发达国家还是发展中国家，都把基础教育课程改革列为重点，给予前所未有的重视。各国都把基础教育课程改革作为增强国家实力、提高未来国际竞争力的战略措施加以推行。学前教育作为基础教育的重要组成部分，也毫不例外地被席卷到这股浪潮之中。发达国家争先恐后地把学前教育纳入终身教育体系之中，实现高质量的学前教育已经成为各国政府的共同愿望和行动。在追求优质学前教育的价值取向指引下，学前课程扮演着极其重要的角色。

首先，就美国来谈，其不仅综合国力在国际的排名遥遥领先，而且教育的发达程度在当今世界上也是首屈一指的。美国对学前教育的重视由来已久，随着儿童入园率的节节攀升，美国人所思考的重点不再是学前教育的普及问题，而是如何促进学前课程的改革与发展，提高教育质量，以使每位儿童都能享受到高效优质的学前教育。从 20 世纪 60 年代起，美国联邦政府就开始参与到课程改革中来，提供资金和政策支持，为课程改革创造良好环境，并引导课程改革的方向。90 年代，联邦政府颁布了以学科科目的方式制定的国家课程标准，从中、小学一直延伸到学前教育阶段。它是"教育标准化"改革运动的产物，旨在通过建立统一的课程标准，提高学生的学业成就。这是美国第一次动用国家行政力量来直接干预课程发展，课程改革的整体性大大地增强了，形成一种层层递进、自上而下的改革之势。与此同时，政府对学前教育的资金投入也不断加大，开端计划的资金从 1974 年的 4.04 亿美元增加到 1994 年的33 亿美元，于是学前课程研究再次呈现出繁荣热闹的局面。随着 21 世纪的到来，美国率先走向了一个高速发展、瞬息万变、复杂多元的后工业时代，为了使教育能够适应社会的发展，美国政府和教育界又一次把目光聚焦于课程改革。

其次，像日本、英国等也对学前课程给予了极大的关注。日本作为高速发展的现代化工业强国，在经济以及科学技术等方面跻身于世界前列的同时，其教育的发展水平也令世界刮目相看。20 世纪 80 年代，日本政府把学前教育列为教育改革的重点，并于 1989 年公布了新的《幼儿园教育纲要》，对幼儿园课程的目标和内容进行调整，使课程围绕健康、人际关系、语言、环境、表现等几大领域展开。经过改革，日本的学前教育有了长足的进步。英国的学前课程向来以自由著称，即课程由各地方教育当局及学校来确定，没有全国统一课程与教材，且长期以来英国学前教育发展较为缓慢。但近些年，英国政府对学前教育给予了高度的重视，推出了多种改革举措且投入了大量经费，对学前课程也进行了较大的改革，并于 2000 年颁布了《基础阶段课程指南》，为各种学前教育机构课程设置提供了参考依据，使得英国的学前教育得到了前所未有的发展。

国外学前教育课程的发展对我国学前课程改革产生了巨大影响。正是在这种大的时代背景下，作为一个教育不发达的国家，我们首先想到的就是学习国外先进的教育经验，以此来发展自己的教育，改变教育的落后状态。在学前教育实践中，我们热火朝天地学习国外课程改革经验，移植国外尤其是美国的各种课程模式，使我国学前课程出现了历史上少有的多元化局面，与此同时也出现了各种各样的问题。因此，这要求我们在理论中把目光更多地投向课程领域，对外国课程改革的过程及各种课程模式进行追本溯源，深入地剖析，有利于找出我们在学习借鉴过程中出现问题的原因，更好地促进我国学前课程的发展。

（二）特有国情：我国学前课程一直有学习借鉴别国的传统

我国学前课程的发展史，可以说是一个借鉴、学习外国课程理论与实践的历史。1903年，我国第一所官方开办的社会性学前教育机构——湖北幼稚园诞生在武昌。1904年，《奏定学堂章程及家庭教育法章程》颁布，将学前教育机构定名为蒙养院，湖北幼稚园因此改名为湖北蒙养院。当时引进的是带有日本特点的福禄培尔式的学前课程理论与实践。

1922年颁布了《壬戌学制》，把公共学前教育机构改称幼稚园。在20世纪二三十年代，随着五四新文化运动而传入了大量的西方教育理论，美国实用主义教育家杜威也曾来华讲演，学前课程也开始像美国学习，陈鹤琴和张雪门等前辈一直致力于把美国学前课程理论和实践"本土化"。1932年颁布的《幼稚园课程标准》既吸取了西方的课程思想和实践经验，也结合了中国的具体情况，是我国自己的本土化的幼儿园课程标准。但是由于战争，这个课程的标准没能广泛地落实与推广。

新中国成立之后，在全面学习苏联的政治氛围下，开始借鉴和移植苏联的教育理论与经验，学前课程也开始"克隆复制"苏联的分科课程模式。

自20世纪80年代以来，改革开放的号角吹响了历史新纪元。我国学前教育工作者又一次把目光投向了西方，开始重视研究西方的学前课程，并在实践中引入了多种国外的课程模式。在这一过程中，备受瞩目的就是美国，不管是美国本土的课程还是其从别国移植的课程都成了我们效仿的对象。如蒙台梭利课程、发展—互动课程（银行街课程）、海斯科普课程、瑞吉欧课程（方案教学）以及多元智能理论指导下的课程方案等像潮水一样涌了进来，我国的学前课程一时呈现出多彩纷呈的局面，但这却是一种虚假的繁荣，我们模仿了"外在形式"而漏掉了"内在精神"，或者根本就是一种不顾国情的盲目模仿。我们对各种课程模式的追求疲于奔命，缺乏有效整合和本土化研究，往往是流于形式的机械学习，"生搬硬套"，呈现出"模仿课程形式而失却课程精神"的局面，从国外移植的课程变成了"没有灵魂的空壳"。

　　杜威曾经这样说："一国的教育绝不可能胡乱模仿别国。为什么呢？因为一切模仿都只能学到别国的表面种种形式编制，绝不能得到内部的特殊精神。况且现在各国都在逐渐改良教育，等你们完全模仿成功时，他们早已暗中把旧制度逐渐变换过了。你们还是落后赶不上。"① 正如杜威所阐述的那样，课程是一个有机体，它会随着时代变迁、空间转移而不断地变化发展。课程发展不是孤立的，它与一个国家的政治、经济、文化等因素密切相关。美国不仅是当今世界经济最发达的国家，而且也是当今世界上学前教育最发达的国家之一。从历史上看，美国早期的文化传统主要承袭欧洲，先师法英国，后效仿德国，然而从1856年第一所福禄培尔幼儿园的开办到20世纪初，不到100年的时间，美国就形成了具有自己特色的学前教育理论和实践体系，其背后的深层次原因是很值得思考并探寻的。如今，美国学前教育的发达更是引起了世界上很多国家的关注，对于我们学前教育研究者来说，对其进行研究是一个摆在眼前的极富现实意义的课题。

　　要学习美国的学前课程，就必须把它放到美国的背景下去透视，深入到其自身的发展脉络中去解读。考察美国学前课程的发展历史，有助于我们在对其进行模仿时进行更多的思考，更具有批判性地评价每一种课程模式，而不是一味地"顶礼膜拜"，更加深入地了解美国学前课程的优势和劣势所在，知其利弊得失，形成自己权衡取舍的广阔视野。同时，美国也是一个善于学习别国经验，兼容并包的国家。如欧文的幼儿学校课程、福禄培尔幼儿园课程、蒙台梭利教育模式、保育学校课程、瑞吉欧教育法等都是美国从别国学习借鉴而来的，不管是其成功的经验还是失败的教训，都是我们的"前车之鉴"，都能给予我们有益的启示。此外，在对美国学前课程的发展历程追踪考察的过程中，我们也许能更清晰地理解"学前课程"是什么？学前课程与社会发展的关系如何？在不同的时代为什么会出现这种或那种课程模式？学前课程发展的未来走向是什么？

---

　　① ［美］杜威：《杜威教育论著选》，赵祥麟、王承绪译，华东师范大学出版社1981年版，第443页。

（三）理论诉求：学前课程研究和教育史研究的双重呼吁

课程作为专门的研究领域，其历史非常短暂。在此期间，中小学课程研究起步较早，所取得的成果也比较丰硕。相比之下，对学前课程的理论研究还比较薄弱。无论是引进国外学前课程，还是我们本土的课程探索，都是侧重于实践层面的操作，理论概括性较差。我国现存的从国外引进的多种学前课程，往往缺乏明确的理论指导，其课程目标、内容、组织之间也不完全对应，这些课程在我国应用，并没有什么完整严密的理论基础。因此在热热闹闹的课程实践背后，学前课程理论却进入了"寂寞而停滞"的状态。这要求我们理论研究者必须进行反思：我国进行学前课程改革的目的到底是什么？改革不应该是只追求表面的五花八门的教育内容，也不应该是模仿几个"课程模式"，更不应该仅仅是知道几个课程名称、说出几个课程名词，而应该抓住学前课程的"实质"，深刻了解每种课程的理论内核以及它的过去、现在和未来走向，对每一种课程模式的"来龙去脉"都有清晰的把握，在此基础上"建立有中国特色的学前课程理论体系"。唯有如此，我们的学前课程才能获得真正意义上的发展和进步。

以往教育史的研究往往侧重于从教育思想和教育制度两个方面进行，尤其是外国教育史方面，从课程变迁的角度来进行研究的不是很多，对课程的历史研究不够重视。可以说，课程史是教育史研究中比较新的一个领域。杜成宪教授曾经指出，教育史家应当关注学校课程的变革及其所显示的意义。课程史是教育史学科功能性在教育理论和实践中的集中体现。它将教育史学科和课程设置与特定的社会和经济发展的需要联系起来，其地位介于教育思想史和教育制度史之间，发挥着联系纽带的作用。课程的历史能为当今的课程改革提供坚实而可靠的科学依据，审视课程的历史，有助于更好地理解当代的课程及其变革。尤为主要的是，它为我们提供了新的了解教育历史的视角，站在课程这一点上，可以更深入、更具体、更清晰地看到教育发展的全貌，这是进行教育史研究的一扇新窗。

二 文献综述

（一）国内研究现状

在对国内关于美国学前教育史研究的资料搜索过程中笔者发现，目前在国内没有专门关于美国学前教育史研究的专著，这方面的内容主要包含在一些外国教育史和外国幼儿教育史的论著里，抑或是见诸一些简短的期刊文章之中。对外国教育史进行研究，课程也是一项必然要涉及的内容。在任何一本关于外国教育史和外国学前教育史的论著中，在对美国学前教育史进行介绍的时候，都或多或少地会对学前课程有所论述。但是国内教育学术界还没有人对美国学前课程的发展演变做深入的研究，尚未有一部成熟的论著，从历史的角度系统地梳理、探讨并分析美国学前课程的发展动态。本书主要从外国教育史、外国学前教育史以及关于美国学前课程模式的介绍等方面的研究著作和文章中去发现、提炼和总结有关内容。主要可以分为以下三大类：

1. 有关美国学前教育发展史和学前教育现状的综合研究

这类研究成果为本书提供了宏观的背景方面的帮助。

在著作方面，主要有周采、杨汉麟主编的《外国学前教育史》和《外国幼儿教育史》，唐淑主编的《学前教育史》，以及冯晓霞主编的《世界教育大系·幼儿教育》。这几本著作都对美国学前教育实践的发展演变做了简洁而明了的介绍，其中也渗透了一些课程改革发展的信息；但对美国学前教育思想发展几乎没有涉及，对学前课程变革的原因也没有深入阐述。林秀锦著的《美国的早期保育与教育》介绍了美国早期教育和保育的历史、现状和发展趋势，全书分为十章，每章聚焦一个主题，综述了20世纪和21世纪初期美国早期保育和教育的状况。以上这些资料为本书提供了宏观线索，使笔者对美国学前教育与学前课程的发展之流有一种粗线条的理解和把握。

专门对美国学前教育进行历史研究的文章为数不多。在硕博学位论文中，华东师范大学王明鹤（2005）的硕士学位论文《幼儿园运动在美国（1856—1920）》从历史的角度对美国学前教育进行了研究，该文以福禄培尔主义思想在美国幼儿园界历史地位的变迁为内在主线，系统梳理了从 19 世纪 50 年代到 20 世纪 20 年代的美国幼儿园运动，并对其发展转变进行了总结分析。西南大学李晓红（2006）的硕士学位论文《美国"先行计划"初探》介绍了美国 60 年代发起的"先行计划"产生的社会背景、产生和发展的理论基础、主要内容、发展现状，以及对美国学前教育产生的影响等。南京师范大学李国庆（2006）的博士学位论文《现代欧美教育科学化运动的一个基石——儿童研究运动之研究》对 20 世纪初期的儿童研究运动做了深入研究和系统阐述。在期刊文章方面，周采（1985）曾专门写文章介绍 19 世纪美国学前教育发展概况，刘开瑜（1987）则对美国学前教育在 20 世纪的发展趋势和原因做了论述。刘彤（2001、2002）发表了文章《近代美国幼儿教育理论的形成与发展》和《近代美国幼儿教育体制的美国化历程》。前文对南北战争到二战结束时期的美国幼儿教育理论和体制的形成与发展做了初步研究，重点剖析了福禄培尔、杜威、霍尔、蒙台梭利等教育家的幼儿教育理论；后文则对美国幼儿教育体制的发展历程及其原因做了系统阐述。这两篇文章从历史的角度专门对美国学前教育的理论和实践进行了研究探索。卜玉华（2002）在《解读"儿童中心观"——一种历史的眼光》一文中，以历史进程为"经"，以儿童观念和儿童发展观的发展为"纬"，主要以美国幼儿教育对儿童中心观的立场为蓝本，阐述了儿童观的历史变迁。从中我们可以看到其折射出的美国幼儿教育思想的历史演变。

此外，还有一些研究者对美国现代学前教育的状况进行了研究。首先，一些研究者探讨了现代美国学前教育的总发展趋势。丁邦平（1994）就 80 年代以来美国早期儿童教育改革和发展的状况做了一些探讨，指出幼儿园是公立学校的一部分，88% 的儿童都会进入公立幼儿园，越来越强调保育和教育的统一，注重儿童整体发展，早期教育开始面向全体儿童；联邦和各州政府开始高度重视早期教育。蔡迎旗（1995）发表文章，描述了美国现代学前教育的几点特色：一是早期教育受到联邦和州政府的有力支持；二是早期教育规模迅速扩大，且办学方式灵活、类型多样；三是把全面发展和自由活动作为早期教育的根本指导思想；四是科研活动频繁，理论和实践密切结合。陈厚云、方明（2001）也指出，美国政府与国会越来越重视学前教育，加强立法，不断增加投入；社会各界关心支持学前教育，企业等单位办托幼机构逐步增长。刘炎（2002）从托幼机构教育、教学法研究、文化适宜性等三个方面，总结分析了 20 世纪 80 年代末 90 年代初以来美国学前教育在理论与实践上的进展、变化及其原因，并对学前教育的未来发展趋势提出了一些看法。刘晶波（2003）撰文指出，进入 21 世纪以后美国的早期教育展现出四个方面的趋势，其一，吸收心理学研究的最新成果，注重个体多元智能的开发与培养；其二，延续 20 世纪末对维果茨基的关注，并将其与美国本土心理学家的研究成果相结合；其三，引入瑞吉欧的教育理念，推广社区化教育实践，对孩子档案进行评估；其四，多元文化在早期教育中快速融合。李毅敏、郭艳（2007）认为，近年美国早期教育改革的主要内容，表现在开端计划项目的持续推进，发展适宜性早期教育方案的出台及发展，为入学做好准备与早期学习标准化运动，以及多元文化教育、全纳教育、早期教育机构与家庭及社区合作等内容。王任梅（2008）指出了近年美国学前教育飞速发展，呈现出一些新的发展动向，如重视入学准备、重视家长参与、重视以幼儿为本、重视师资培训、重视多元文化教育等。综观这些内容，可以看到近年美国学前教育改革表现出了追求公平与优质的价值取向，这种价值取向也渗透到学前课程领域之中。

　　其次，一些研究者针对美国政府对学前教育的支持和投入行为进行了研究。随着美国政治、经济的发展和国际竞争日益激烈，联邦政府加强了对教育的干预。由于对学前教育的作用认识更加深入，美国联邦政府越来越重视学前教育事业的发展。田立新（2006）介绍，美国为保证使不同阶层的孩子都接受良好的智力和人格教育、不让一个孩子掉队，美国基础教育改革《不让一个孩子掉队法》（*No Child Left Behind*）提出教育要从幼儿抓起，强调儿童早期教育的重要性。布什政府在投入大量经费支持儿童早期教育同时，还发起了"良好开端、聪明成长"项目来发展早期教育。向美丽（2008）指出，美国一直重视学前儿童保育和教育工作，联邦政府在学前儿童保教事业中发挥着重要作用，由联邦政府资助的儿童保教项目影响深远。沙莉、庞丽娟、刘小蕊（2007）认为当今美国政府在学前教育事业中呈现不断强化干预的趋势，主要体现在六个方面：各级政府对学前教育的重视史无前例；政府对学前教育的宏观调控不断加强；各级政府对学前教育的投入继续增加；大力提升学前师资要求与水平；政府灵活调动州与地方政府积极性；重视政府各相关部门的协调合作。同时，她们还在另一篇文章中详细分析美国政府对学前教育投入的五个特点：现实主义的取向、法治原则、非全面系统性、促进学前教育公平、拨款额度不断增加。总之，美国联邦政府对学前教育事业的支持与投入对学前课程质量的提升非常有帮助。

2. 专门针对美国学前课程的研究

这方面的文献资料为本书提供了关于美国学前课程历史发展演变问题的较为详细的线索和具体的信息。

石筠弢著的《学前教育课程论》专辟一章，介绍外国学前教育课程理论和思想，按照历史发展的大致时间顺序展现了世界学前教育课程理论与思想发展的基本脉络，首先追溯了夸美纽斯、卢梭和裴斯泰洛奇的学前课程思想，接下来论述了福禄培尔、蒙台梭利、杜威等人的学前课程思想，最后还简单描绘了教育心理学与学前课程发展之间的"关系图"，按先后顺序叙述了行为主义课程、人本主义课程和认知发展理论课程，对本书阐述和分析美国学前课程的思想和理论基础很有帮助。

我国台湾政治大学幼儿教育研究所简楚瑛著《学前教育课程模式》一书，介绍了美国最受人关注的五个课程模式，分别是蒙台梭利课程模式、河滨街（斑克街或发展—互动）课程模式、High/Socope 课程模式（高瞻课程）、卡蜜—迪泛思（凯米—德弗里斯）课程模式和直接教学模式，简要介绍了各种模式产生的背景、演变历史以及该模式的理论基础与课程要素的内涵，而且还对五个课程模式进行了比较。

朱家雄在其所著的《幼儿园课程的理论与实践》中，也对美国当代早期教育课程，如发展互动式课程、直接指导课程，以及蒙台梭利课程和瑞吉欧教育实践进行了介绍和评论，并指出发展趋势；而其在《建构主义视野下的学前教育》一书中，则主要论述了在皮亚杰的认识建构主义理论指导下美国的几种早期教育课程，包括拉瓦特里早期教育课程、韦卡特等人的幼儿认知导向课程、凯米—德弗里斯课程、福门的游戏课程以及全美幼教协会的发展适宜性教育实践等。

袁爱玲的《当代学前课程发展》对美国学前课程的历史沿革做了扼要的描述。第一次世界大战后，幼儿园的主要活动是游戏、故事、音乐之类，少量适合幼儿的简易图画册或识字本、美工和科学常识也列为学习项目。幼儿园的任务是培养幼儿良好的社会态度、卫生习惯、独立生活能力、活泼精神和健康体质。20世纪60年代针对美国科技落后而进行了教育改革，幼儿园的教材里添加了一些学科的基础知识，其中以阅读和计算最受重视。70年代中期，幼儿园课程变化较大，幼儿园的教育计划非常灵活，基本原则是做中学。课程安排首先放在身体、心理、社会、情绪等的成长上。

有关美国学前课程的文章一般是对某些课程模式进行比较研究或是对某一种课程模式的专门介绍，从历史发展的角度来谈的可谓凤毛麟角。北京师范大学李敏谊（2006）的博士学位论文《美国幼儿教育课程模式研究》关注的是一直以来对我国幼儿教育课程改革都有着重大影响力的美国幼儿教育课程模式，从历史变革、比较分析和最新发展动向三个视角对美国幼儿教育课程模式进行了深入分析。但这篇论文中的历史研究仅限于从现代追溯到20世纪60年代，然后用比较的视角审视了美国三种代表性的课程模式，分别是蒙台梭利教育法、银行街发展—互动课程以及高瞻方案，最后对瑞吉欧教育法在美国的发展进行剖析，揭示美国幼儿教育课程模式最新发展动向。另外，李敏谊于2009年在《美国早期教育课程模式与当代中国早期教育课程改革》一文中指出，美国早期教育课程模式可以分成三种理论流派：浪漫主义流派、行为主义流派和进步主义流派。尽管各种早期教育课程方案层出不穷，但实际上都是这三种流派的变式，并且可以形成一种早期教育课程模式的"连续体"。李敏谊（2007）在另一篇文章《试析美国幼儿教育课程模式的理论流派及其启示》中，从上述三种理论流派的角度对美国幼儿教育课程模式进行了深入剖析和解读，并就学习和借鉴美国幼儿教育课程模式提出一些启示和反思。李生兰（1992）也曾指出，指导美国早期教育实践的课程理论主要有成熟—社会化的理论、教育—训练的理论、认知—发展的理论三种，其中成熟—社会化理论重视儿童社会情感和个性的发展，认知—发展理论重视儿童智力发展过程，教育—训练理论则关注知识和技能的发展。尽管提法不同，但是二人基本认识是一致的。卜玉华（1995）从历史发展的角度扼要地介绍了欧文幼儿学校的课程、蒙台梭利课程、保育学校课程以及成熟主义理论的早期儿童教育方案、行为主义方案和交互作用理论方案的课程模式与理论基础之间的关系，使我们从课程模式的发展历史看到与之相应的课程理论的发展状况。张济州（2009）比较了幼儿教育课程中的自然成熟模式、行为环境模式、认识相互作用模式，并指出了幼儿教育课程模式的发展趋势：20 世纪 60 年代以前，"儿童发展遗传制约论"和"自由教育"理论在西方占优势，幼儿教育课程中发展成熟模式受到青睐；60 年代，行为环境模式逐渐压倒发展成熟模式，它着重研究了如何在教育过程中发展儿童智力的问题；七八十年代以来，人文主义思潮的兴起，开始强调幼儿身体、认知和社会性的全面发展，认知相互作用模式的优势显露。刘文华（2009）选择了美国几种有代表性的幼教课程模式——银行街模式、海恩斯科普模式、直接教学模式，从教育对象、理论基础、教育目标、教育内容、教师角色、评价等方面比较了它们的异同。认为每种模式都有可借鉴之处，关键是如何结合本土的特点、如何根据幼儿的个别差异去设计高质量的幼教课程。

　　还有一些研究者把目光聚焦在当代美国学前课程的发展和改革上。曾红台（1999）指出了美国近年来幼儿园课程改革的特点：一是课程目标注重幼儿未来和整体的发展；二是课程注重内容实用性、幼儿的实践性；三是游戏真正成为幼儿活动的基本形式。严仲连、陈时见（2000）简要描述了美国幼儿园课程改革的历史传统，并介绍了美国幼儿园课程改革的现代流变，指出美国幼儿园课程从第一次世界大战以后就一直处于变化过程之中，儿童课程科学化是美国幼儿园课程的一大现代特征。尽管美国幼儿园课程变化频繁，但尊重儿童，重视儿童发展的个性，重视游戏在幼儿园课程中的作用一直未变。该文还进一步指出了现行美国幼儿园课程的发展趋势主要表现在提供的教育必须适合儿童的发展需求，开设综合性课程、全面评价、倡导混合教育和多元文化教育等几个方面。而且，陈时见、严仲连（2002）还认为当代美国幼儿园课程改革发展的特点是多样化、现代多元化、个性化、园本化。王余幸、袁爱玲（2006）指出美国学前课程实施的核心是鼓励幼儿接触，使幼儿通过接触进行探索，获得直接经验，学前课程设计与实施体现着人的解放、人性的解放，强调个性发展，课程内容着眼于面向未来的积累，鼓励幼儿在接触与探索的过程中，实现对创造性、批判性思维的培养。

　　再者，就是对某一课程模式或某一课程问题的研究。李季湄（1989）介绍了以凯米—德弗里斯模式为代表的皮亚杰认知理论指导下的学前课程和以美国"开端计划"中的恩格尔曼—贝瑞特模式为代表的行为主义理论指导下的学前课程。李辉（1998）曾专门对20世纪末美国幼儿教育课程标准化运动的问题进行了论述，并提出了对中国的启示。黄人颂早在1998年就对美国发展适应性早期教育课程方案进行了详细的介绍，指出该课程方案把适应儿童的发展作为决定课程质量诸因素中重要因素，重视儿童的年龄特点和个别儿童发展的差异，该课程来自美国早期教育多年的研究和实践，反映面向21世纪的社会要求和教育改革。并且还简单叙述了自20世纪60年代以来，美国课程研究的热潮以及理论运用上的综合趋势。邓志伟（1998）也对美国20世纪80年代末推出的《幼儿（0—8岁）发展适应性早期教育方案》的教育思想做了简单归纳，并认为其代表了美国幼儿教育的发展方向。徐小龙（2001）叙述了海斯科普学前课程模式近20年的发展状况，指出这种课程从以认知为中心发展到同时注重儿童的社会性与情感发展的全面目标。史大胜（2009）就"发展适宜性"实践进行了深度解读，指出发展性教育实践是全美儿童早期教育协会极力倡导的儿童早期教育理念，该理念彰显了整合理论、多元智能理论和全纳教育理论的核心思想，引领了美国的儿童早期教育实践。

3. 散见在研究外国教育著作中的与美国学前教育有关的论述

这些零散的素材，为本书提供了原料和灵感。

凡是对外国教育进行通史研究，不可能不提及美国。例如，吴式颖、任钟印主编的《外国教育思想通史》对美国各个时期的教育从理论到实践，都有比较详细的介绍。其中，在美国学前教育的发展中起到至关重要作用的人物，如哈利斯、杜威等人的背景经历和思想也可以从中略见一斑。吴式颖主编的《外国教育史教程》对杜威的教育理论和实践、帕克的昆西教学法、约翰逊的有机学校、克伯屈的设计教学法以及霍尔、桑代克的教育实验等都有简单的介绍。此外，张斌贤、王保星编著的《外国教育思想史》以及王天一、方晓东编著的《西方教育思想史》等，则对西方教育思想发展的主要线索与基本轮廓做了简要的叙述和勾画，同时也对夸美纽斯、洛克、卢梭、杜威、克伯屈等人的教育思想做了深入分析，这有助于笔者在准确把握宏观教育时局下展开研究，同时也为笔者提供了重要的思想支撑。

在其他的一些外国教育史研究著作中，也或多或少对这些内容有一些涉及，在此不做一一列举。它们的共同之处就是作为通史研究或教材，对与美国学前教育或学前课程相关的内容只能是泛泛的介绍，不可能做系统的阐述。但这些资料对本书有着"提纲挈领"的指导作用。

（二）国外研究现状

通过多方查询，目前没有见到系统的关于美国学前课程历史演变的研究专著，但是有一些关于美国学前教育史和专门介绍美国学前课程模式的著作。前者对美国学前教育的发展演变历史做了比较全面的描述，试图展现美国学前教育的发展全貌，但深入分析不够，类似通史；后者则是对某些课程模式进行介绍和研究分析，以期对今天的学前教育有所帮助和启示。

1. 关于美国学前教育的通史类研究

对本书有着重大的参考价值的通史著作主要有：

《儿童早期教育的历史》（V. Celia Lascarides & Blythe F. Hinitz, *History of Early Childhood Education*, New York：Falmer Press, 2000），这本书共分为四大部分，其中前两部分对本书的帮助很大。它的第一部分介绍了儿童早期教育的欧洲起源和欧文、福禄培尔、蒙台梭利等人的早期教育理论与实践；第二部分讲述了美国早期教育的历史，内容涉及殖民地时期的教育状况，美国的教育改革家、幼儿园运动、保育学校运动、日托中心的发展演变、联邦政府对早期教育的涉入等。

贝蒂著的《学前教育在美国：从殖民时代到现在的幼儿文化》（Beatty, B., *Preschool Education in America：The Culture of Young Children from the Colonial Era to the Present*, New Haven, C. T.：Yale University Press, 1995）从"美国学前教育运动的欧洲起源；美国幼儿学校和家庭学校；福禄培尔及其德国幼儿园运动；美国早期的私立和公立幼儿园；美国免费幼儿园运动；美国公立幼儿园运动；私立保育学校；公立学前教育等八个方面"全面介绍了从殖民地时期到 20 世纪后期美国的幼儿教育状况，其中对幼儿园教育的描述占主要篇幅，并同时对美国本土幼儿教育理论的发展进行梳理。幼儿园运动（1856—1920）作为美国幼儿教育整体发展过程中的一个重要环节被叙述。

韦伯的《幼儿园：与美国的教育思想相遇》（Weber, E., *The kindergarten：Its encounter with education thought in America*, New York：Teachers College Press，1969）一书则从"幼儿园的起源；福禄培尔思想在美国的传播发展；福禄培尔幼儿园课程、科学化的教育和蒙台梭利方法之间的冲突；儿童发展观；课程的创新"等多个方面梳理了美国幼儿教育理论方面的发展脉络。该研究对19世纪中期至20世纪后期美国幼儿教育理论界的各种尝试和探索都做了一定的阐述，尽管它没有特别多地涉及幼儿教育实践领域，但它却为我们提供了一个详细考察美国学前教育理论发展的文本，时间跨度为从19世纪中叶幼儿园在美国诞生到20世纪60年代中期，其中也有很多内容是关于保育学校的发展的。韦伯依据的主要是第一手历史材料并对其进行详尽了分析，这使得其对美国学前教育形成的历史研究尤其具有参考价值。他的另一本著作《影响儿童早期教育的思想》（Weber，E.，*Ideas Influencing Early Childhood Education*，New York：Teacher College Press，1984）则按着时间的先后顺序介绍了福禄培尔、霍尔、格塞尔、桑代克、杜威、弗洛伊德、劳伦斯·弗兰克、埃里克森、皮亚杰等的教育思想。

《童年：1892—1992》（Wortham，Sue C.，*Childhood：1892 - 1992*，Wheaton：Association for Childhood Education International，1992）这本书把早期教育放在了整个社会和教育的大背景下进行剖析解读，它包含了如下章节：19世纪美国人的童年经历和早期教育；童年期的延长和早期教育的变革（1890—1920）；萧条和战争中的世界（1930—1950）；童年的黄金时代（1950—1975）；变换的世界：对童年和教育的重新认识（1975—1992）。每一章都对主要的历史事件和发展趋势做了简要概括，接下来对儿童的生活经历和教育经历进行描述和讨论。

此外，已经翻译出版的由日本世界教育史研究会主编的《世界幼儿教育史》一书对20世纪上半叶的美国幼儿教育理论和幼儿教育机构的发展进行了介绍：从19世纪末开始，一些幼儿教育者和心理学者，对福禄培尔的教育理论提出质疑，认为福禄培尔教育理论存在形式化和固定化问题，以杜威为代表的进步主义理论家不仅举起了反对福禄培尔理论的大旗，同时也对当时在美国开展的蒙台梭利运动进行了强烈批判。另外，这一时期除了幼儿园，保育学校也从英国传入美国，在美国发展和普及。

上述专著里分别包含了美国学前教育不同历史发展时期的社会背景、

基本面貌和课程开设状况，为研究美国学前课程的发展变革提供了丰富的信息，非常有助于分析美国学前课程发展演变的过程和原因。

2. 关于美国学前课程的研究

埃文斯早期的经典著作《早期教育当代思潮》（Evans，E. D.，*Contemporary Influences in Early Childhood Education Holt*，New York：Rinehart & Winston，1975）综合回顾了那些著名的课程模式，而且把对这些课程模式的叙述置于一定的理论背景（通常是心理学的发展理论）中，这些背景为课程模式提供了一个概念基础。例如，在埃文斯描述以行为主义为基础的课程方案中，他首先解释了行为主义理论，然后描述了源自相同理论基础的几个课程模式。埃文斯对不同课程理论背景的叙述可以使读者了解课程模式是如何在这些不同概念体系的基础上建构出来的。而且他的这种写作方法也凸显了诸多课程模式的开创者是如何选择同一个理论的不同方面作为他们课程方案设计的重点。Caro Seefeldt（1976）所著的《学前儿童的课程：一份调查评论》（*Curriculum for the Preschool-Primary Child：A Review of the Research*）则分别介绍了语言、阅读、社会、自然、数学、艺术、音乐、游戏等领域的课程的现状，并对这些领域课程的历史进行了简单追溯。

已翻译出版的研究美国学前课程的专著有李敏谊译、Stacie Goffin 和 Catherine Wilson 著的《课程模式与早期教育》，这本书对美国早期教育领域主要课程模式进行了一个当代的考察，还探讨了各个课程模式在当前乃至历史长河中扮演的角色、问题和关注点。揭示了课程模式作为理论建构在何种程度上影响了早期教育事业发展，以及这种影响在何种程度上被觉察到了。这本著作主要聚焦于早期教育课程模式的目的、功能以及影响等问题，主要考察了蒙台梭利教育法、银行街发展—互动课程、来自行为主义和皮亚杰理论的课程，这些课程被视为历久弥新的课程模式，是因为这些课程模式确实自诞生以来一直延续发展到现在，研究每一个课程模式的发展历程，并在这个过程中探明这些课程模式各自及集体对早期教育所发挥的影响。本书的最后一个部分超越了对单个课程模式的考察，而进入通过方案评价以及课程开发这些视角来探究早期教育课程模式。

普鲁纳林、约翰逊主编，黄瑾等译的《学前教育课程》，涉及了很多早期教育课程，如方案教学、行为主义、致力于婴儿和学步儿童的埃里克森课程、家庭中心模式、混龄课程以及一些特定的模式，诸如海斯科普方案、传导方案、奥苏泊尔以及教育小思想家的模式等。像全纳性、多元化和反偏见教育等问题在书中的结论性章节中都进行扩展性处理。所有各章涵盖了有关早期儿童教育的相互重叠的知识领域以及结合教育、实践和政策方面的结果。

国外学者从自身的视角出发论述了有关学前课程的各种问题，其中有社会背景与学前课程的问题，学前儿童发展与课程的问题，幼儿教育机构课程与教学的问题，等等。这些学者的论著为本书提供了第二手文献材料。

在关于美国学前课程研究的英文文章方面，笔者主要利用 Education Resource Information Center 和 Education Research Complete 两个数据库进行检索，发现从历史的角度对学前教育课程直接进行研究的期刊文章不是很多，但是有很多关于学前教育历史发展的研究报告。在各种各样会议上，很多学者做了关于美国学前教育历史发展方面的报告，报告里面一般都会对课程的变革有所涉及，这为本书提供了宝贵参考资料。与此同时，笔者通过 JSTOR 电子期刊数据库，查找到很多 19 世纪末、20 世纪初期的美国学前教育的研究资料，如 JSTOR 数据库收录的 *The Elementary School Teacher and Course of Study*（1901—1902）和 *The Course of Study*（1900—1901）期刊中含有很多那个时期美国学前教育的领军人物所撰写的关于幼儿园课程的文章，这为本书提供了第一手素材。

综上所述，关于美国学前教育史这一课题，国内的研究相对薄弱，大多是一种浅尝辄止的介绍；国外的研究相对充分并涉及多个方面，有些作为通史而自成系统，有些则重点突出，侧重某个方面，只是对美国学前课程的历史演变的专门研究尚未看到。因此，本书是首次以纵向的时间发展为线索，以美国学前课程在整个 20 世纪几次大的历史转型为重心，将美国学前课程的演变放置在整个时代变革的大背景中加以考察，梳理出美国学前课程思想和实践的演进轨迹，这在研究内容方面是一种创新与突破，有利于拓展外国教育史的研究领域。

三　概念界定

要开展课题研究，首先就需要对几个关键概念给予清晰和准确的界定。

（一）美国学前教育

本书不打算详细阐释"学前教育"的内涵，而只指出其外延。

美国学前教育系统零散而混乱，其历史演进过程也十分的曲折。早在 19 世纪三四十年代，受欧洲国家影响，美国开办了幼儿学校（infant school），以 3—5 岁儿童为其教育对象，这是美国在家庭之外进行学前教育的开端；19 世纪 60 年代福禄培尔幼儿园（kindergarten）传进了美国，并逐渐演化为美国公立学校系统的第一阶梯，专门招收 5 岁儿童；在成功为 5 岁儿童建立公立幼儿园之后，20 世纪 20 年代的学前教育工作者开始为 3—4 岁的儿童开办一种新的教育机构，那就是保育学校（nursery school）。现代保育学校指作为公立学校附属或其他一些机构和个人为赢利而发起的教育项目，招收 2.5—5 岁的儿童。尽管 20 世纪二三十年代很多公立学校已经把幼儿园并入其内，但公立幼儿园的真正普及却是在 20 世纪 70 年代，自此美国公立学校系统形成了自 5 岁班幼儿园至 12 年级的 K—12 的教育体制。与之相伴随的是，prekindergarten（四岁班幼儿园）和 preschool（学前幼儿园）两词开始出现、流行，prekindergarten 特指为 4 岁儿童开办的幼儿园，preschool 则通常可以用来泛指为尚未能进入 kindergarten 进行学习的 2.5—5 岁儿童开办的任何教育机构。除此之外，在美国学前教育体系中，还包含了另外一个分支，那就是为 0—3 岁儿童提供保教服务的各种托儿机构。历史上的托儿机构基本以保育为主，直至 20 世纪八九十年代，才开发出越来越多的针对婴儿和学步儿的教育方案。

关于学前教育的定义，联合国教科文组织曾于 1981 年在法国巴黎召开国际学前教育协商会议对此问题进行研讨，将其界定为"能够激起出生直至小学的儿童（小学入学年龄因国家不同而有 5—7 岁之不同）的学习愿望，给他们学习体验，且有助于他们整体发展的活动总和"[①]。在本

---

① 梁志燊：《学前教育学》，北京师范大学出版社 1998 年版，第 2 页。

书中，美国学前教育是特指在 kindergarten（幼儿园）和 preschool（学前幼儿园）中对 2.5—5 岁儿童进行的教育。之所以做此界定，是因为在招收 0—3 岁儿童的托儿机构中，正规的、成体系的教育活动出现较晚，长时间以来其一直关注的都是满足儿童的生理需要。而美国对于 3 岁以上儿童的教育称谓又不统一，不像我们国家这样，将 3—6 岁阶段统称为幼儿教育，因此我们在考察美国学前课程的历史时就无法用"幼儿园课程"，而只能用"学前课程"这一名称。

（二）课程

课程是教育领域中争议最大的一个名词，可谓众说纷纭，莫衷一是。课程自身是一个极其复杂的事物，人们从不同的角度和层面来研究课程，必然会给出不同的定义。例如，有的从课程存在的形态来定义课程，将课程视为学科、教材以及学校中传授的东西等；有的从课程实施的形态来定义课程，认为课程是一种学习计划、学习的进程等；还有的从课程本质属性出发，对课程进行定义。在此，笔者将详细探讨一下关于课程本质的定义。

关于课程本质属性的定义，主要有三种观点：一种认为课程是知识，一种认为课程是活动，还有一种认为课程是经验。当把课程视为知识并付诸实践时，课程是既定的、先验的、静态的；课程是外在于学习者的，并且凌驾于学习者之上的——学习者服从课程，在课程面前是接受者的角色。[1] 把课程视为活动则强调学习者的主体性，课程内在于学习者，课程成为学习者主动探索的动态的过程。当把课程认为是经验时，在某种意义上，是对"课程是知识"和"课程是活动"两种观点的统合。这是因为"经验"一词既有名词性质又有动词性质，可以将其理解为"由实践得来的知识和技能"，而"实践"本身则代表"活动的过程"。而且将课程本质定义为经验，具有很强的历史概括性。随着社会和教育的发展，课程也在不断地发展演变，但无论是重视知识自身逻辑、强调死读硬背的传统课程，还是重视儿童身心发展特点、强调儿童主动探究的现代课程，都可以概括为某种经验——直接经验或间接经验。

---

① 丛立新：《课程论问题》，教育科学出版社 2000 年版，第 77 页。

（三）学前课程

学前教育作为整个教育体系的一个组成部分，其课程必定与其他各级各类教育的课程有着共同之处，如在课程思想层面，某一时期各级各类教育的课程都必定受当时流行的哲学思想和各种理论影响，反映出那个时代社会的价值取向。但在课程实践层面，由于学前儿童身心发展的独特特点，学前课程又与其他课程有着很大的差别。美国学者斯波代克（Spodek，B.）指出"幼儿教育的方法和材料不同于其他各级各类教育，在儿童早期，更多采用的是具体的材料和活动，课程较多的是采用活动而不是上课的形式加以组织"。[①]

对西方学前课程的发展历史进行追溯，也可以发现从第一套正规的学前课程体系——福禄培尔幼儿园课程开始，到蒙台梭利课程、进步主义学前课程，再到后来的认知导向的建构主义学前课程以及当代的瑞吉欧课程等，都是以活动为课程的基本组织形式；在国内也是如此，早在20世纪二三十年代，我国老一辈学前教育工作者就把课程看作活动。张宗麟直接做出这样的定义，"幼稚园课程者，由广义说之，乃幼稚生在幼稚园一切之活动也"[②]。陈鹤琴、张雪门、陶行知等教育家在实践探索中一直以活动为课程的基本组织形式。到了五六十年代受苏联分科教学影响，幼儿园课程曾被视为一门学科。在当代，中国理论研究者对学前课程的界定主要如下。

石筠弢把学前课程定义为：学习者在教育者有意识指导下与教育情境相互作用而获得有益经验和身心健全发展的全部教育性活动。[③]

袁爱玲对学前课程的界定是：在幼儿园安排下所进行的一切有组织、有系统、有意义的园内外学习经验或活动。[④]

冯晓霞认为："幼儿园课程是实现幼儿园教育目的的手段，是帮助幼儿获得有益的学习经验，促进其身心全面发展的各种活动的总和。"[⑤]

---

①　朱家雄：《幼儿园课程》，华东师范大学出版社2003年版，第12页。

②　张沪：《张宗麟幼儿教育论集》，湖南教育出版社1985年版，第31页。

③　石筠弢：《学前教育课程论》，北京师范大学出版社1999年版，第30页。

④　袁爱玲：《学前创造教育课程论》，北京师范大学出版社2000年版，第26页。

⑤　冯晓霞：《幼儿园课程》，北京师范大学出版社2001年版，第14页。

综合研究者们的观点，可以看出大家对学前课程的本质认识趋于一致，即教育者为学前儿童提供的各种学习经验和一切有组织的活动就是课程。因此，在本书中学前课程指在学前教育机构（包括 kindergarten 和 preschool）中为 2.5—5 岁儿童提供的有计划、有目的、有组织的学习经验或活动。

四　研究问题与意义

（一）研究问题

从宏观上讲，本书的思路很明朗，主要回答两个问题：一个是"是什么"，即美国学前课程的演进轨迹是什么样的？另一个是"为什么"，即美国学前课程为什么会沿这样的轨迹发展演进？首先，本书主要以时间为主线索，是从历史的角度对美国学前课程做的一项整体研究。这是一个动态叙事的过程，回答了"是什么"这个问题。其次，本书将美国学前课程的演变放置在整个时代和社会的大背景中加以考察，揭示出学前教育与社会各方面变革运动之间错综复杂的关系。这是静态分析的过程，回答了"为什么"这个问题。

当然，对于"怎么做"的问题，更多的还是要留给学前课程基本理论的研究者去思考。本书作为教育史研究，也许不能承载太多，它能肩负最大的使命就是为学前课程理论研究提供"一面明镜"和"一块基石"。但本书最后会对我国的学前课程建设提出几点启示，尽管这不是本书的重点，笔者还是期望本文能给予当前学前课程的实践探索一些直接的帮助。

从微观上讲，本书关注的是美国学前课程理论和实践的历史演变。因为课程是一个复杂的概念，课程问题也是相当复杂的，因此当我们对其进行历史研究时，不可能将课程领域的一切都包揽无余，对课程史的研究只能是有所选择和侧重。在这里借用挪威教育学家昆德姆的分类方法，他从形式上将课程史范围划分为课程理论和思想史、学科课程发展史、课程法规史、课程指导和大纲管理史、课程实践史。[①] 本书将以课程

---

① 杜成宪、邓明言：《教育史学》，人民教育出版社 2004 年版，第 349 页。

理论的变迁为主思路，对课程实践的发展进行描述，从理论和实践两个层面来探寻美国学前课程的发展变革之路。可以说，本书是美国学前课程理论与实践发展史。

（二）研究意义

1. 理论意义

一是有助于拓展我国外国教育史的研究领域。在我国外国教育史研究领域中，对美国学前教育的发展历程还缺乏深入而全面的研究，更没有人将美国学前课程的发展历史作为专门的研究问题来加以探讨。虽然在一些关于外国教育通史方面的著作中，对美国学前教育的发展有所论述，但呈现出零散的状态。由于将学前教育置于整个外国教育史研究的大框架中，使得这些关于学前教育的论述缺乏内在的系统性和专门性，无法充分和清晰地展现学前教育发展过程中的一些状况和特性。这对于外国教育史的研究来说，实为憾事。因此，本书以美国学前课程发展作为研究对象，有助于扩展我国外国教育史研究范围。

二是有助于学前课程理论建设。学前课程理论是学前教育理论的重要组成部分，是学前教育实践的指南，是学前教育目标转化为儿童身心发展的桥梁。透过学前课程的理论与实践，可以看到一个国家学前教育的核心理念，包括对学前教育本质的理解，对学前教育作用的认识，以及学前教育价值取向的定位等方面的内容。在此，笔者以史的角度切入美国学前课程发展与变革的问题，从历史的角度分析、比较美国学前课程发展轨迹，以历史和逻辑相统一的方法去思考、认识美国学前课程发展与变革的社会文化背景、教育指导思想，把握不同历史时期的学前课程的内涵、目标、内容、课程价值取向等，对使中国的学前课程适应社会和时代发展的方向，向着本土化、现代化的步伐迈进，具有重要的理论价值。

2. 实践意义

本书的实践意义是能为我国当今学前课程的发展与改革提供一种历史视野上的借鉴。通过对美国学前课程史的研究，将使我们能更清晰而准确地认识美国学前课程思想和实践的演变轨迹，从中归纳出一些值得重视的、带有规律性的历史经验。诸如学前课程如何做到既面向世界又立足本国，即如何处理外国的理论与本国实际之间的关系，如何看待课程演变过程中的"钟摆"现象问题，课程的编制如何兼顾社会、儿童、知识这三大要素等问题，结合历史的经验对上述问题进行论述，将为我国在学前教育发展过程中，如何有效地进行学前课程改革提供可借鉴的新材料和思考的新视角。

同时，把我们曾经或者正在效仿的课程模式都放到其原有的文化背景中去透视，放到其自身的发展脉络中去解读，有利于我们彻底而全面地理解这些课程，从而进一步判断这些课程模式是否适合我国的国情，是否与时代的要求相一致。这也是保证在借鉴或移植他国课程的过程中目标不乱、理念清晰、方法得当的根本。尤其是只有课程实践者透彻而全面地理解了一种课程时，才能避免流于形式的机械学习，否则只能是"生搬硬套"，呈现出"模仿课程形式而失却课程精神"的局面。

总之，课程是一个有机体，它会随着时代变迁、空间转移而不断地变化发展。对美国学前课程史进行考察，有助于我们在对其进行模仿时进行更多的思考，弄清课程赖以存在的理论基础和社会背景，并深入考察课程的优势和劣势所在，知其利弊得失。之后根据自身的哲学文化背景和社会发展趋势进行权衡取舍，打造出适合本国国情的课程，实现在模仿的基础上有所舍弃、有所创新，达到"青胜于蓝，冰寒于水"的效果。

五　研究内容与方法

（一）研究内容

本书以纵向的时间发展为轴，以美国学前课程在整个 20 世纪几次大的历史转型为重心，将美国学前课程的演变放置在整个时代变革的大背景中加以考察，梳理出美国学前课程思想和实践的演进轨迹，厘清学前课程与社会各方面变革运动之间错综复杂的关系；通过考察美国学前课程的发展演变，揭示出教育家们如何根据社会的要求和时代的变迁来构筑自己的课程思想并指导学前课程实践，以及哪些因素在学前课程发展变革中起到了作用，各种因素又是如何作用于其中的；并力图从美国学前课程演变轨迹中，寻找一些有规律性的历史经验，为我国的学前课程改革提供有益的启示。

为完整呈现 20 世纪美国学前课程理论与实践的历史发展全貌，本书将时间跨度定为从 19 世纪末期美国本土化学前课程确立以后至 20 世纪末期，以美国学前课程根本目标的变化为线索，将 20 世纪美国学前课程的历史发展进程分为四个发展阶段，最后对美国学前课程百年变革发展历程进行了回顾与反思。

本研究具体内容如下：

第一章，20 世纪初至 30 年代的实用主义学前课程。对实用主义学前课程的思想和实践进行历史追溯，分析了实用主义学前课程产生的社会背景与理论基础，详细地呈现了实用主义学前课程的历史演进过程，并对在此时期一度兴盛而后又迅速衰落的蒙台梭利课程进行了介绍，总结出 20 世纪初期美国学前课程变革的发展特点。

第二章，20 世纪 30 年代至 60 年代的主情主义学前课程。首先对主情主义课程发端的原因进行了分析，接着对主情主义学前课程的发展脉络进行解读，最后归纳出 20 世纪 30 年代美国学前课程变革的发展特点。

第三章，20 世纪 60 年代至 80 年代的主智主义学前课程。阐释了主智主义学前课程产生的原因和理论基础，重点介绍了发展—互动课程、贝瑞特—恩格尔曼课程、高瞻课程和凯米—德弗里斯课程三种具有代表性的课程方案的历史演进过程以及内容和特点，以现实的学前课程问题为出发点，从课程的理论基础、目标取向、内容选择、实施过程等几个方面对它们进行比较分析。最后分析了主智主义学前课程遭遇降温的原因，并指出 20 世纪 80 年代至 20 世纪末，美国学前课程未发生大的变革，而是在"学业取向"与"发展取向"之间摇摆，并逐渐出现整合的趋势，联邦政府和学者对学前课程质量越发重视，这也是 20 世纪美国学前课程发展的第四阶段。

第四章，对美国学前课程发展变革历程的回顾与省思。在前述三章的基础上，回顾美国历史，观照当代中国。归纳分析出美国学前课程发展变革的外在推动力，梳理总结美国学前课程自身演变发展特征，从而为我国学前课程改革提供启示。

（二）研究方法

进行学前课程发展与变革的历史研究需要讲究方法的科学。这主要体现在，研究不是对历史事实的罗列和历史变革现象的简单描述，而是要透过历史与变革的表象，去探寻学前课程发展的动因、特点或规律，从较高的理论思维层次上对学前课程的发展进行认识和评价。在具体方法上，本书主要采用以下几种。

1. 历史文献法

历史文献法是通过搜集、鉴别、整理文献，并对文献进行研究解读，而形成对事实的科学认识的研究方法。它是一种跟随客观事物本身的历史发展过程进行研究的思维和方法，力图按照事物自身发展的时间顺序和它在各历史发展阶段中的具体形态去进行描述。

进行外国教育史研究，首先就是要查阅文献，以掌握相关的研究动态和前沿进展，了解前人已取得的研究成果以及研究的现状等。本书旨在研究美国学前课程的理论和实践发展过程，运用历史文献法可以清楚地梳理出美国学前课程的发展脉络，剖析其历史文化背景及发展过程中的前因后果。

2. 案例分析法

案例分析法也是本书运用的方法之一。实际上，选题本身的定位便决定了本书首先应从宏观上去思考美国学前课程发展的基本趋势和总体面目，在把握整体社会与教育时局的前提下展开研究。但只关注宏观研究未免给人感觉过于空泛，对美国学前课程的发展变革史进行研究离不开对历史进程中个别人物、个别事件的分析和阐释。案例分析对于问题的具体化、形象化作用巨大。所以，在研究中，笔者利用了一些"个案化"材料，为本书提供微观的分析视角和研究基础。

3. 比较分析法

比较分析法也是本书运用到的一个方法。有比较才有鉴别，有鉴别才有认识。就外国教育史研究而言，比较研究可以帮助我们更好地认识到教育发展的客观规律。本书主要通过纵向的比较，来呈现美国学前课程在不同历史发展时期的鲜明特点，以及课程所具有的连续性、时代性等特征；通过横向比较，来揭示同一时代不同课程模式的共同特征与差别、统一与对立。这将有助于我们对每一种课程模式从理论到实践有一种深刻的认识和把握。

第 一 章

强调实用性：20 世纪初至 30 年代的
实用主义学前课程

美国 20 世纪初的学前课程改革，对美国学前教育的发展产生了巨大影响。美国早期的学前教育先师法英国欧文的幼儿学校，后效仿德国福禄培尔的幼儿园。但自从经过 20 世纪初的学前课程改革，美国就形成了具有自己特色的学前教育理论和实践体系，这很值得我们思考和关注。

从历史上来看，美国的学前儿童很早就有接受学校教育的机会。在 18 世纪殖民时代，如果可能的话，家长就会送他们很小的孩子去学校。清教徒认为儿童应该尽早地学会阅读《圣经》，因此，在儿童三四岁时就会教他们阅读。年幼的儿童通常会进入那种由老妇人开办的家庭学校，老妇人教他们读和写。一般说来，能够进入家庭学校学习的通常是家境富裕的儿童。当学区学校设立之后，很多父母把他们年幼的孩子随同他们年长的孩子一起送到学区学校。学区学校没有对入学年龄做严格的规定。学区学校的根本任务是让儿童能够进行最初级的阅读，从而能够阅读《圣经》，过合适和恰当的宗教生活。《圣经》被视为真知和美德的来源，在正式的学校教育中，必须教学生阅读《圣经》。儿童最开始接触的课本是"角贴书"，书的内容有字母、简单的祈祷诗、《圣经》的节选等。儿童首先学习字母的发音并运用它来组词，一旦儿童逐渐掌握了阅读技巧，他们就可以自己来阅读《圣经》。教师多采用个别教授，很少进行集体辅导。儿童被迫遵守各种规则，机械地记忆和背诵字母表和圣歌。在美国的学区学校中，年幼儿童的课程与年长儿童的课程并没有什么不同。可以说，在专门的公共学前教育机构出现之前，并不存在正式意义上的学前课程。

　　19 世纪二三十年代，受欧洲国家影响，美国兴起了幼儿学校（infant school）运动。这是公共学前教育的开端。其中，最著名的是奥尔科特创办的幼儿学校，它的课程有谈话、唱歌、绘画、讲故事和分小组写日记、进行文学评论活动，所有这些都是在类似于家庭的氛围中进行的。[①] 但并不是美国所有的幼儿学校开设的课程都是如此，当时大部分的幼儿学校古典主义课程的余温犹存，着眼于道德和宗教的训练，强调严格的课程和纪律。奥尔科特曾经把纽约和佛罗里达的幼儿学校课程描述为"正统观念的引擎"，并认为它们充满了机械主义和宗教主义的色彩。由于缺乏资金的支持，同时受家庭教育运动的冲击，这种幼儿学校很快就被"家庭学校"代替。

　　然而，就在美国反对在家庭之外对幼儿进行教育时，一种新的学前教育机构正在德国发展，并且最终成为美国主导的学前教育模式，这就是福禄培尔创设的幼儿园（kindergarten）。幼儿园于 19 世纪 60 年代进入美国，与幼儿学校不同，幼儿园在美国并不是作为贫困儿童的补偿教育发起的，而是为中上层社会的儿童提供教育。30 年前支持奥尔科特浪漫主义的儿童教育观，反对僵化学术训练和枯燥道德说教的教育家们十分支持幼儿园在美国的发展。作为一种德国文化运动，福禄培尔幼儿教育思想在美国开始流行。幼儿园运动的最初十年，福禄培尔课程主导了美国幼儿园，当时强调正统的福禄培尔主义。福禄培尔幼儿园课程美国化始于苏珊·布洛（Susan Blow）、威廉·哈里斯（William Torrey Harris）、帕蒂·希尔（Patty Smith Hill）等美国幼儿教育家加入到幼儿园运动中来。19 世纪八九十年代，美国的教育家开始从新的视角来看教育，寻求建立理性的教育模式，福禄培尔主义课程遭到了批评。人们开始认为福禄培尔幼儿园课程过于刻板，成为一种僵化的体系；并指出教育应该是一种进步的科学，而不仅仅是一种宗教和一种哲学。进步主义教育运动影响了幼儿园课程理论和实践的重新建构。福禄培尔的课程体系被进步主义教育家攻击，他们既不接受福禄培尔幼儿园课程的目标，也不接受这种象征主义的教育方法，福禄培尔幼儿园课程在美国大势已去。美国

---

　　① ［美］普鲁纳林、约翰逊：《学前教育课程》，黄瑾等译，华东师范大学出版社 2005 年版，第 8 页。

的学前课程开始偏离福禄培尔的教育思想，沿着与理念主义完全不同的方向发展，从理念世界走向了现实生活。

一　历史溯源：实用主义学前课程的思想源头与实践基础

（一）思想源头：对唯实主义和自然主义教育思想的继承

任何教育思想都不能凭空而生，必定有其渊源，实用主义教育思想也是如此。美国实用主义学前课程思想可以追溯到十七八世纪启蒙时期的唯实主义与自然主义教育思想。实用主义学前课程主要有两大特点：第一，在课程目标与内容方面，注重与实际生活相联系，强调对儿童实际能力的培养，讲究课程的实用价值；第二，在课程实施方面，关注儿童主体性发挥，主张儿童自由活动，课程实施过程变教师主导为儿童主导。从以上特点中可以很明显看到其对唯实主义与自然主义教育思想的延续继承。

唯实主义教育思想于 17 世纪起源于欧洲，它追求教育效能实用化，强调教育面向社会现实政治、经济以及文化科学发展实践，面向个人生活实际事务；强调对社会实际知识的传授以及学生关于社会现实的理解能力和问题解决能力的培养。[①] 在学前教育领域中，唯实主义的主要代表人物是夸美纽斯和洛克。

夸美纽斯处在从封建社会向资本主义社会过渡的时代，其思想中不可避免地存在矛盾冲突。尽管出于宗教立场，夸美纽斯认为"今生只是为永生做准备"；但同时他更深受文艺复兴、启蒙运动的影响，认为要实现此目的需要人具备博学的知识、良好的德行、虔诚的宗教信仰，而一个人只有通过教育才能获得这些。因此，就教育目的本身来说，就是为现实而服务的。夸美纽斯最著名的教育思想就是"泛智论"，即把一切知识教给一切人。"泛智论"有两层含义：人应该掌握一切有用的知识，把一切有用的知识教给一切人。[②] 这也是夸美纽斯设置课程的基本指导思

---

① 参见张斌贤《外国教育思想史》，高等教育出版社 2007 年版，第 168 页。

② 吴式颖、任钟印：《外国教育思想通史》（第五卷），湖南教育出版社 2000 年版，第 254 页。

想。夸美纽斯还对学校课程内容的选择提出了一个原则性要求，那就是
"实用"，即对实际生活有用。夸美纽斯曾指责封建教会学校的课程内容
晦涩，空洞枯燥，毫无实用价值可言，他在《大教学论》里这样写道：
"除了虚假装饰的道德、如同奇装异服的文化和眼、手、脚都被训练成在
尘世间毫无用途以外，学校没有产生出任何东西……"① 儿童在这种学校
里不但学不到有用的东西，而且还饱受摧残。夸美纽斯不止一次地提到
要让学生学习"有用的知识"，这与杜威的思想十分的接近。夸美纽斯在
其所著的《母育学校》中为 6 岁以下儿童列出了详细的课程内容，其中
包括："知道一些简单自然事物的名称；辨别光明与黑暗以及一些普通的
颜色，辨认日、月、星辰；掌握初步的地理学知识，例如知道自己生活
的地方是城市还是乡村、知道什么是森林什么是河流……"② 这些内容都
与生活密切相关的，蕴含了现实主义、实用主义精神；而且夸美纽斯主
张儿童学习的过程应该是在生活之中、在行动之中。例如，他认为"四
岁以后……应时常带他们到果园、田地和河边。在那里任他们看动物、
树木、植物、花草……他们通过观察……可以知道家庭必需的家具"。③
从以上论述中可以很明显地看到杜威实验学校中所设置的课程的影子。

　　洛克是 17 世纪英国著名的哲学家、教育家，倡导实科教育和绅士教
育。在教育史上，洛克最大的影响就是提出了"白板说"，即认为人出生
后心灵犹如一块白板，一切认识皆来自于后天的经验。作为一个环境决
定论者，洛克认为教育在人的发展中起着极其重要的作用，尤其是儿童
时期所受的教育将会影响一个人的一生，"我们童稚时所得到的印象，哪
怕极其微小，乃至无法察觉，都有极重大、极久远的影响……"④ 洛克十
分重视童年时期各种良好习惯的养成，在其所著《教育漫话》一书中曾
多次提到"习惯"，如"我认为某些并非完全随意的动作，通过应用与长
期练习……它们都是可以成为习惯的"，⑤ "这种在老师监视下，通过反复

---

① ［捷克］夸美纽斯：《大教学论》，任钟印译，人民教育出版社 2006 年版，第 76 页。

② 任钟印选编：《夸美纽斯教育论著选》，任宝祥等译，人民教育出版社 2004 年版，第 26
页。

③ 同上书，第 40 页。

④ ［英］约翰·洛克：《教育漫话》，杨汉麟译，人民教育出版社 2005 年版，第 7 页。

⑤ 同上书，第 25 页。

练习，即同样行为反复操练，以期养成良好的做事习惯……无论从哪个方面考察，都有诸多优点……"① 这种思想与后期美国实用主义课程体系中的行为主义课程派的论调不谋而合，透过盘根错节的历史之网，我们不难看出两者之间的某种联系。

自然主义教育思想的历史渊源可以追溯到古希腊时期，但其形成独立的思想体系并对教育实践产生重大影响则是在 18 世纪。自然主义教育思想以"教育要顺应自然"为基本原则，其基本主张是教育需要遵循儿童身心发展的特征与顺序，尊重儿童的需要，为儿童提供宽松、自然的环境，让儿童不受任何限制地去认识各种事物，在德、智、体等诸方面都获得发展，成长为真正自由的资产阶级新人。其中，对学前教育理论和实践产生深远影响的自然主义教育思想的代表人物就是卢梭和裴斯泰洛齐。

卢梭是 18 世纪法国的著名思想家、教育家。他生活的年代是欧洲资本主义社会制度确立的时期，没落的封建宗教教育还没有彻底退出历史舞台，还在阻碍着的教育发展。针对这种状况，在启蒙思想的推动下，卢梭写出了集中反映其自然主义教育思想的名著《爱弥儿》，矛头直指封建制度及其教育对人性的迫害。卢梭教育思想中最具特色的就是提出了"以儿童为中心"的观点，被认为是关于儿童观的一场"哥白尼式"的革命。同时，这种观点也深刻地影响了课程的变革。长期以来，西方课程理论与实践都是奉"知识中心"为金科玉律，课程内容仅限于枯燥的书本知识，课程实施的过程就是知识灌输的过程；"儿童中心"说提出之后，人们的注意力从书本转移到儿童身上。在卢梭看来，教育应该从儿童出发，以儿童为中心开展活动，让儿童自己完全自由地进行活动，放手让他们以自己特有的方式、方法，去看、去想、去做、去感受各种事物。② 卢梭十分重视让儿童通过实际活动来学习，"在任何事情上，教育都应该是行动多于口训，因为孩子们是容易忘记他们自己说的和别人说的话的，但对于他们所做的和别人替他们做的事情，就不容易忘记了"。③

---

① ［英］约翰·洛克：《教育漫话》，杨汉麟译，人民教育出版社 2005 年版，第 49 页。
② 王天一、方晓东：《西方教育思想史》，湖南教育出版社 1996 年版，第 249 页。
③ ［法］卢梭：《爱弥儿》（上卷），李平沤译，人民教育出版社 2001 年版，第 105 页。

美国很多进步主义教育者包括杜威在内，都深受卢梭思想影响，如杜威提出的"儿童中心""做中学""活动课程"等观点都是对卢梭思想的继承。

裴斯泰洛齐是生活在 18—19 世纪的瑞士著名教育家，他最突出的贡献之一就是提出了"教育心理化"，即教育要适应儿童心理发展。这一主张可谓开创了西方教育学心理化运动的先河，并深深影响了课程论的发展，使心理学成为学校课程体系创立的主要依据。尤其是在学前教育领域之中，心理学理论逐渐成为设计学前课程的主要理论基础，这无疑与裴斯泰洛齐的思想有着密切的关联。此外，裴斯泰洛齐十分支持教育与生产劳动相结合的思想，并将其付诸实践。他指出："我试图使学习与手工劳动相联系，学校与工厂相联系，使它们合而为一。"① 裴斯泰洛齐的教育理论与实践对欧美各国的教育都产生了一定影响，19 世纪德国著名幼儿教育家福禄培尔曾经去裴斯泰洛齐的伊弗东学校参观学习，20 世纪初杜威提出的"教材心理化"的主张以及其在实验学校中为学前儿童创设的"工业化"课程都可以看到裴斯泰洛齐教育思想的痕迹。

(二) 实践基础：对福禄培尔主义幼儿园课程的沿袭

历史上每一次课程改革都不是一蹴而就的，必将经历一个漫长而曲折的发展过程，20 世纪初美国学前课程改革也是如此。实用主义学前课程并不是横空出世的，而是在对福禄培尔幼儿园课程不断调整与修正的过程中建立起来的。20 世纪之前具有改革与创新精神的学前教育者们，通过在福禄培尔课程中增加与现实生活相关及符合儿童兴趣和需要的操作材料和内容，并逐渐改变教师在课程实施过程中所扮演的角色，来一步步改造美国学前课程体系，进而改变美国学前课程的价值取向。他们所进行的课程改革探索，为后来美国本土化学前课程——实用主义学前课程的出现奠定了基础。

随着独立战争的爆发和美利坚合众国的建立，新兴资产阶级掌握政权，政治态度转向保守。这是因为资产阶级夺取政权后，热衷于维护既得利益，民众也渴望过安宁生活，革命热情降低。因此，美国的哲学思

---

① 张焕庭：《西方资产阶级教育论著选》，人民教育出版社 1979 年版，第 203 页。

想在 19 世纪上半叶发生了重大的转折，从 18 世纪末的"理性时代"转向了一个偏于保守的时代，从主导的唯物论思潮过渡到唯心主义的先验论哲学。理念主义的福禄培尔幼儿园课程一传入，皮博迪（Peabody）等幼儿教育家就对其很感兴趣，成了福禄培尔幼儿园课程的积极倡导者。福禄培尔幼儿园课程以德国古典的理念主义哲学为基础，同时吸收了启蒙时期的自然主义教育思想，既有保守的一面，又有进步的一面，从中可以同时看到理念主义和经验主义的影子。福禄培尔幼儿园课程的根本目标是保守的，但课程组织和实施的方法是进步的。在福禄培尔看来，教育是实现宗教目的的手段，课程的目标是促进心灵的发展，追求理性的永恒。在人性观方面，他挑战了传统宗教的性恶论，继承卢梭、裴斯泰洛齐等的性善论。他认为人与上帝是统一的，每个儿童与生俱来的内在天性是善良美好的。因此，福禄培尔主张课程设计及实施要以儿童为中心，围绕儿童的天性和内部需要，把教育顺应自然作为课程的主要原则；在认识论方面，福禄培尔认为人的认识过程就是发展过程，一切事物都可以从外部加以认识，活动是认识的途径。福禄培尔幼儿园课程体系的核心就是动手操作活动和游戏，它们代替了读、写、算。他精心为儿童选择教育经验，设计一套全新的操作材料——"恩物"和一系列手工活动——"作业"。福禄培尔也认识到游戏在儿童成长中的重要，指出游戏是促进儿童发展的完美中介。幼儿园课程中重要的一部分是教师指导游戏和运动游戏。在那个时代，福禄培尔主张儿童在学校的大部分时间都用来进行操作活动和游戏，这在教育领域是一种全新的观点。皮博迪受很多先验主义者影响，如爱默生、索罗、西奥多·帕克等。先验主义哲学认为自然科学作用有限，宗教才能最终把人引向道德的王国。在先验论哲学思想的主导下，追求理性永恒并且强调自由的福禄培尔课程在美国受到热烈欢迎。皮博迪认为不需要对福禄培尔课程做适应美国文化的修正，她把福禄培尔的幼儿园课程视为适合全人类儿童发展的教育方法。

经过南北战争后，美国进入一个新的发展时期，即资本主义经济迅速发展时期，开始从自由资本主义转向垄断资本主义，由过去强调个人自由转到强调国家权力。19 世纪 70 年代，继皮博迪在新英格兰努力促进幼儿园事业之后，威廉·哈里斯和苏珊·布洛在圣路易斯一起合作，努力把幼儿园这种新的教育机构纳入到公立学校中去。威廉·哈里斯是教育史上的过渡人物，信奉黑格尔哲学。在价值论方面，新黑格尔主义哲学强调国家的权力和利益，认为国家就是道德意志的体现，服务国家为个人意义的完成，为了获得真我，就必须把自己纳入社会，融入集体之中。哈里斯强调个人对社会机构的从属关系。他认为，儿童在幼儿园里开始成为理智的社会成员，个人要想达到自我实现必须使自己从属于社会习俗，社会习俗体现了文明的成果，种族的智慧应该被传播。①在哈里斯看来，幼儿园应该是文明的训练场而不仅仅是儿童的游戏场。福禄培尔的幼儿园课程正好适合训练儿童良好的习惯。同时哈里斯还指出生命的最初阶段应培养动手操作技能，恩物和作业也是对儿童进行工业化训练的最理想材料。1879年，哈里斯在美国福禄培尔协会做报告时说："福禄培尔的恩物最重要的意义在于为未来工业生活做准备，幼儿园是公立学校系统中最有价值的一环。"② 在这里，恩物和作业的作用被视为培养灵巧的手工活动能力，它们的象征意义被剥离了。哈里斯崇尚教育在促进社会发展方面的巨大效能，在这一时期，福禄培尔主义课程已经开始向实用主义过渡，开始关注课程在促进社会发展、为儿童将来做好准备方面的巨大功效。

19世纪八九十年代，安娜·E.布赖恩（Anna E. Bryan）在全国教育协会幼儿园部会议的一次讲话中，发出了一种与众不同的声音，反对对福禄培尔幼儿园课程的普遍运用。布赖恩指出球对儿童来说象征的是运动而不是统一；她还批判了严格按顺序操作恩物，认为儿童并不是进行创造性活动，而是机械地操作；儿童只是用自己的身体游戏，而没有心灵的参与。这是一种无结果、无教育意义的游戏。③ 在布赖恩的抗议声中，反映出了福禄培尔幼儿园课程存在的三个主要问题：晦涩的象征主义；刻板的逻辑顺序；缺乏自我目的的游戏。布赖恩开办了教师培训班，

---

① Shunah Chung, Daniel J. Walsh, "Unpacking Child-Centredness: A History of Meanings", *Curriculum Studies*, Vol. 32, No. 2, 2000, p. 220.

② Weber, E., *The Kindergarten: Its Encounter with Education Thought in America*, New York: Teachers College Press, 1969, p. 28.

③ Beatty, B., *Preschool Education in America: The Culture of Young Children from the Colonial Era to the Present*, New Haven, C. T.: Yale University Press, 1995, p. 82.

在培训课堂上，她鼓励尝试新的方法和材料。布赖恩最初寻找新教学方法的动力来自于自己的兴趣和对儿童的关心，她的重要创新就是从儿童的日常生活中寻找元素，吸收到福禄培尔幼儿园课程中来。这种对传统教学程序的打破引起了人们的关注，粗糙的尝试赢得了威廉·海尔曼（William N. Hailmann）和帕克（Park）的支持赞扬。帕克将布赖恩的事迹向全国教育协会做了宣传，人们开始知道这里发生了不寻常的事情，全国各地的教育家来到布赖恩的培训学校和幼儿园参观访问。这也是对20世纪初的学前课程变革所做的铺垫和准备。

　　一些人受布赖恩影响，开始对福禄培尔幼儿园课程进行重构。影响较大的就是帕蒂·史密斯·希尔。希尔给儿童创设一些情境，促进他们去解决实际的问题，如给儿童一些纸偶，让他们利用恩物中的积木为纸偶搭一张床。当儿童用恩物做游戏时，可以真实再现现实中的事情，如可以用积木搭建桌子、椅子、茶几等，而不是规定好的物品。新的材料和游戏方式促进了儿童自由的社会交往，这种交往在传统的福禄培尔幼儿园课程中受到了限制。另外，芝加哥福禄培尔幼儿园协会的领导者爱丽丝·帕特南（Alice Putnam）在幼儿园课程方面一直有着自己独特的见解。她受实用思想的影响很深，试图开辟幼儿园课程的新领域，反对对福禄培尔操作材料的过分依赖。她曾经说："我们可以有这样一个幼儿园，在草坪上有一群孩子，只有花、草、土地和我们的两只手。"①

　　尽管这些初步改革只是一些简单而粗糙的尝试，但终究是背离了福禄培尔的根本哲学观，沿着与理念主义完全不同的方向发展。正是在经历了长时间的福禄培尔幼儿园课程本土化探索之后，美国才于20世纪初创立了实用主义学前课程，而且实用主义学前课程在很多方面都是对福禄培尔主义课程的沿袭与继承，如尊重儿童的天性，将操作活动和游戏作为学前课程的基本组织形式、在重视儿童的合作、帮助、参与等方面，实用主义课程也与福禄培尔课程是一脉相承的。可以说，福禄培尔幼儿园课程思想与实践成了美国实用主义学前课程的一个重要渊源。

---

① Committee of Nineteen, *Pioneers of the Kindergarten in America*, New York: Century Co., 1924, p. 218.

二 现实根基：实用主义学前课程产生的社会背景和理论土壤

（一）社会背景：美国社会发展状况对学前课程产生影响的分析

从南北战争结束到 20 世纪，由于新技术的采用，促进了钢铁工业、电力工业以及机械制造业发展，美国从一个农业国家转变为高度工业化的国家。工业化不仅会影响经济和政治，而且会影响社会生活中的方方面面，教育也同样受其制约。正如克伯屈曾指出的："由于科学的发现、发明及工业化进程，整个文明社会处于一种不断变化甚至加速变化中。在这种变动的文明社会中，学校的责任发生着根本的变化。"① 为了满足工业的飞速发展的需要，必须为其提供大量的熟练工人，这就引发了关于工人培养的问题。在现实压力下，人们开始意识到美国的教育依然因循守旧，严重脱离了现实，已经落后于社会发展的脚步，因此必须对其进行革新。首先受到冲击的就是中等教育，华盛顿大学的伍德（Calvin M. Wood）于 1879 年创办了一所手工艺训练学校，课程设置分为智力部分（数学、绘画、科学、文学、历史）和体力部分（木工、金工、制模、切割、锻压、焊接），② 在此，对课程实用性的强调已初见端倪，功利主义教育思想充斥其中。尽管为工业化生产的需要培养劳动力对学前教育不能产生直接影响，但这种注重实用能力与技能培养的思想渐渐弥散开来，并渗透到学前课程之中。

伴随着工业的飞速发展，美国的农业也实现了机械化，从而节省了大量劳动力。为了获得就业机会和较高收入，大量农民从农村涌入城市，城市人口数量迅速增长。1860 年，全美国人口中只有 16% 居住在城市，全美国只有 141 个城市，居民达 8000 人以上，而到 1890 年时，全美已有 36.1% 的人口住在城市之中了。③ 城市化带来的影响是使社会中的相当一部分人与农业相隔

---

① 吴式颖、任钟印：《外国教育思想通史》（第九卷），湖南教育出版社 2000 年版，第 289 页。

② 同上书，第 210 页。

③ 徐辉、辛治阳：《现代外国教育思潮研究》，人民教育出版社 2007 年版，第 7 页。

离，渐渐远离了农业文明，家庭生活发生翻天覆地的变化。而恰恰是在朴素、自然的农业生活中，蕴含了对儿童进行教育的契机。在以农业生产为中心的时代里，对于儿童和生活本身来说，都是以家庭为中心的。家庭生活所需要的产品大部分都是自己生产的，儿童可以很自然地参与到成人的劳动之中，这种生活中的教育能够使儿童学到适应社会生存的知识。杜威曾指出："我们不能忽视这种类型的生活（指农业生活）中所含有的训练和品格形成的因素……再者，直接地去接触自然、实际的事物和素材，它们的手工操作的实际过程，以及关于它们的社会需要和用途的知识，对于教育目的极为重要，我们不能忽视。"① 与此同时，农业社会中的父母不外出工作，能够承担起对儿童进行家庭教育的责任。但在工业社会之中，教育机制的核心不再是家庭，父母们走进了工厂，没有闲暇时间对儿童进行教育，儿童也没有机会接触到现代社会中的劳动方式，这将会使儿童很难理解并适应生活。一些进步的教育家，像杜威、克伯屈等人认为，理解生活对儿童来说是最为重要的。因此，公共教育机构就要承担起这个责任，这必然要求对课程进行改革，使儿童尽早地熟悉其未来所要从事的事业。

促使学前课程发生变革更为直接的原因在于，随着城市化进程，农民和外来移民大量涌入，聚集在城市贫民区。贫困人口的增加引起了社会的广泛关注，幼儿园被当作社会改良工作的一部分。一些人开始认为幼儿园是缩小贫富差距、缓解贫困家庭儿童不利处境的一种方式，这就间接对学前课程提出了新要求。因此，如何使学前教育适应城市化进程，满足社会发展需要，成了教育界人士必须思考的一个问题。正是在城市化进程和人道主义浪潮的推动下，慈善幼儿园迅速扩张。在慈善幼儿园里，福禄培尔课程受到很多实际的挑战。例如，拥挤的贫民区妨碍了课程中包含的种植活动和非正式的自然研究活动，而且儿童的一些基本生理要求也不能被忽视。当时有人指出，儿童经常饥肠辘辘地来幼儿园，当他们饿着肚子时很难对其进行指导。② 慈善幼儿园对理想化福禄培尔主

---

① ［美］约翰·杜威：《学校与社会·明日之学校》，赵祥麟、任钟印、吴志宏译，人民教育出版社 2004 年版，第 27 页。

② Weber, E., *The Kindergarten: Its Encounter with Education Thought in America*, New York: Teachers College Press, 1969, p. 43.

义课程的坚持变得十分困难，于是在神秘主义和象征主义下面掩盖着一种实际的冲动，那就是进行课程改革，使其与儿童的自然需求相一致。

（二）哲学基础：实证主义与实用主义的"联盟"

课程嬗变与哲学发展有着密切的关联，哲学观念的变迁往往导致课程观念的更新，进而引起课程改革。从中世纪至 20 世纪，课程设计基本从哲学导出，教育家们主要依靠哲学思辨的途径来探讨课程的设计与实施。随着近代自然科学的发展，人类过渡到一个以科学技术为主宰的时代。人们逐渐意识到从哲学思辨得来的有关教育和心理的知识，很难具有客观性与实在性，完全根据这种方式提出的课程方案是建立在理想主义基础上的，现实主义根基不强。于是，教育家们开始渴望以科学的而非哲学的方式探索教育实践。

然而，直接向哲学思辨方法发难的并非科学，而恰恰是哲学自身，这便是 19 世纪后期发轫于法国，随后波及其他国家的实证主义哲学思潮。随着"知识就是力量"口号的提出、牛顿经典力学完整体系的建立以及达尔文进化论的出现，对科学的推崇成了近代西方思想的主流。在这种社会大背景下，实证主义哲学产生了。实证主义的基本主张是要求一切以观察到的事实为出发点，推崇有实际效用的科学知识，反对形而上学的思辨。实证主义者崇尚科学精神，希望把科学精神贯彻到人类的一切知识领域中去，要求社会人文学科乃至哲学也都应该以实证科学为依据。正是在实证主义哲学思想的影响下，20 世纪初的欧美开始了一场教育科学化运动，人们开始用新的科学眼光来看待教育的方方面面。学前课程也不可避免地卷入教育科学化的浪潮之中，左右课程目标、课程内容，以及课程设计与实施的不再是思辨的哲学，而是实在的科学。课程逐渐脱胎于浓重的哲学和宗教传统，建构在科学基础之上：首先，在研究方法上，观察法、实验法以及比较法等在自然科学中行之有效的研究方法被运用于教育研究之中；其次，在教育内容上，强调课程的实用价值，希望通过教育来解决社会中的实际问题，并开始注重教育效率的提高。

在具体实践中，实证主义最初主要是通过影响心理学而对教育学发生作用的。可以说，实验心理学的发展成了教育科学化运动的先导，心理学家把其科学研究成果引入学校中，开创了一个美国教育的新时代。

伴随实证主义哲学思潮弥漫于整个西方世界的同时，还有一种实用主义哲学在美国产生。19 世纪末美国资本主义工商业步入了壮年，社会经济快速发展，人口流动和城市化进程加快，人们追求物质的同时感到迷茫与困惑，寻求一种精神上的共鸣。在这种背景下，实用主义哲学应运而生。实用主义尽管也受到欧洲某些哲学思想的影响，但它基本上是美国本土生长出来的思潮，渗透在美国生活中的方方面面，充分体现了美国精神。与之遥相呼应，学前教育工作者也不再完全依靠欧洲的理论，开始把目光投向美国本土的哲学思想和理念，从实用主义哲学信仰中吸取精华，对福禄培尔的理念主义哲学进行重构。敢于创新的学前教育工作者积极寻找新理念来指导教育实践，把新的观念带入学前教育之中，使幼儿园课程与实用哲学和实验心理学结盟。

实用主义哲学在 19 世纪末至 20 世纪 40 年代一直在美国的哲学舞台上居于主导地位，受到经验论、进化论、自然主义以及实验心理学等多种因素的影响。在某种意义上，实用主义是在对实证主义继承的基础上发展起来的。实用主义哲学强调的是行为、行动、实践，认为哲学应立足于现实生活之上，并为现实生活服务。它坚持存在即有用、有用即真理的价值论。在认识论方面，实用主义哲学摒弃了真理是通过直觉觉察或心灵反思而获得的这种观念，认为真理是通过科学的观察而获得，是实践检验的结果；在知识观方面，实用主义者把知识看作应付环境的工具，而且认为知识是不确定的。他们指出人所生存的这个世界变动不居且充满了危险，人们在实际生活中遇到的问题千变万化、永不重复，因此要求教育不应该是教给学生那些抽象、静止、确定的知识，而是应让其在行动中掌握解决问题的方法，并通过实践效果来验证其是不是真理。受实用主义哲学的影响，学前课程从理念世界走向了现实生活，学前课程的根本目标不再是为了实现理性的永恒而是为儿童的现实生活做准备。

（三）心理学基础：机能主义与行为主义的"共生"

自从科学心理学创立以后，它就成了学前课程的主要基础学科。与哲学相比，心理学对学前课程的影响更为直接、明显和具体，在某种意义上已经超过了哲学。19 世纪末 20 世纪初，美国产生了第一个本土心理学派——机能主义心理学。机能主义心理学作为一个学派，内部结构组织比较松散，但它代表了美国心理学发展的新取向。美国机能主义心理学以实用主义哲学和达尔文的进化论为基础，主要探讨有机体适应环境的心理功用，把心理看作是人类适应环境的一种工具。处于大转折时期的美国社会要求人们应具备适应环境的能力，美国机能主义心理学的观点与这种现实要求不谋而合。

霍尔作为美国著名的儿童心理学家，他的理论表现出明显的机能主义倾向。霍尔对心理学的兴趣在于研究个体如何发展、如何适宜环境等问题，他带领学生对儿童心理发展做了大量问卷调查研究，广泛地宣传心理学在社会各个领域中的作用，主张利用心理学来解决实际生活中的各种问题，尤其是一直致力于把心理学研究与教育实践相结合。霍尔的思想和行动给当时美国学前课程带来了巨大冲击。自霍尔的儿童研究运动之后，学前课程领域逐渐发展成"儿童心理学理论独霸天下"的局面，教育家们致力于使学前课程符合儿童身心发展特征与满足儿童个体的需要，将对学前课程的探索完全依靠于心理学，而把哲学、社会学、人类学等学科排除在视野之外，从此走上了狭隘的道路。

杜威作为芝加哥机能主义学派的创始人，他的心理学思想也随其教育主张反映到学前课程中来。与其他机能主义者一样，杜威也受到达尔文进化论的影响，认为人的发展是心理本能与外界环境不断作用的结果。人如果想在某种环境中生存下去，必须依靠其天赋本能与环境发生相互作用，尝试适应和改造环境。在这一过程中，人产生了经验，意识和行为都会随之发生变化。因此，在杜威的实验课程中，十分重视环境的创设与操作材料的提供，从某种层面来讲，环境和材料已经成为课程内容的一部分。

哥伦比亚机能主义学派的代表人物桑代克也对学前课程产生较大影响。桑代克在哈佛大学读书时就开始用动物做实验，他基于的假设是在实验室条件下研究动物的行为有助于解决一般的心理学问题。桑代克认为学习是刺激与反应之间的一种特殊联结。他曾在《教学原理》一书中写道："教学可以被定义为给予或维持一定的刺激，从而产生或消除特定的反应。'刺激'包括教师的语言、手势、表情、课堂环境、课本等；'反应'则包括思想、情感和身体动作。"桑代克通过一系列实验，总结了学习的三大定律，即准备律、练习律、效果律。准备律指出学习是通过学习者的态度和思维等表现的选择性条件反射，为了获得成功，学习者一开始就需要对学习有极大的热情和动力；练习律是指多次练习可以加强和巩固学习效果，学习通过重复才能完成；效果律指凡在一定情境中引起满意之感的结果，会加强刺激与反应之间的联结。学前教育工作者接受了桑代克的理论，并认为桑代克的研究工作对重新建构学前课程起着不可低估的作用。当时流行的观念是教师作为课程设计和控制者，应该能够提供适宜的刺激帮助幼儿建立合乎需要的反应，这一观点极大地影响了学前课程的发展。

20 世纪初叶的美国进入了垄断资本主义阶段，要求最大限度地激发人的潜能来提高生产效率，同时也希望维持稳定的社会秩序，这一切都需要尽可能地掌握行为的规律，进而控制人的行为。在这种社会大背景下，行为主义心理学破土而出了。在某种意义上，行为主义心理学也是对机能主义的进一步发展。机能主义心理学一直存在贬低意识作用的倾向，在此基础上，行为主义的创始人华生公开宣称心理科学可以建立在对人类外显行为研究的基础上，废弃了研究心理的内省法，不以意识作为心理学的研究对象。华生指出学习就是通过千百次的新的、复杂的刺激与原始的、简单的反射之间建立起联系，而形成新的条件反射的过程。在华生看来，条件反射是从新生儿开始的，教师面对的已经是一群非常复杂的生物有机体，教师的主要责任就是消除那些由父母建立起的错误的行为反应，并帮助儿童建立一系列良好的习惯，如责任感、整洁、坚持性，等等。行为主义者对环境刺激以及早期训练的强调，直接影响了美国学前课程。

三　探求与追问：实用主义学前课程发展过程的历史分析

20 世纪初是美国一个动荡变革的时代，各种各样的观念和运动纵横交错。学前教育的世界被各种新的思想和理论冲击着，进步主义者越来越坚信，课程的改革是必需的，也是不可避免的。作为对儿童研究、实用主义教育思想、行为主义心理学等新理论以及儿童与社会现实需要的回应，在世纪之交出现了各种各样的新课程。有的是在原有课程基础上对教学方法和材料媒介做的渐进调整和改革；有的则完全放弃了旧有的课程体系，发展了新的课程。但不论哪种课程方案，都很明显地充斥着实用主义思想。可以说，在 20 世纪前 30 年里，学前课程与社会生活实际及儿童现实需要密切相关，强调实用性成为当时美国学前课程的显著特征。

（一）"前奏"：儿童研究影响下学前课程变革的初步探索

20 世纪初，进化论已经成为被普遍接受的假说，随之而来的是实验心理学发展了起来，这对教育的意义十分重大。当进步主义学前教育家接受进化论这种假说，并认为其是研究人类发展的基础时，经验主义科学的语言开始出现在学前教育的文献中；当心理学家把其科学研究成果引入学校中时，开创了美国教育的一个新时代。学前教育家从心理科学中吸取精华，对福禄培尔的理想主义课程进行重构。人们关注的焦点就是在实践中实现心理科学与学前课程的结合。把心理科学带入美国学前课程中的就是儿童研究运动，进步主义学前教育者深受儿童研究运动的影响，试图把儿童研究的结果应用到课程之中。于是，儿童研究的许多成果和观念逐渐渗透到有关学前课程的讨论中去，儿童研究的结果也常被用来检验和衡量课程。

儿童研究运动从 19 世纪末到 20 世纪初大概持续了 30 年，霍尔是这场运动的领军人物。1889 年霍尔成了克拉克（Clark）大学的校长，他把那里作为儿童研究的中心阵地。为了寻找新的教育方法，霍尔带领着他的学生以测量问卷的形式在全国范围内对儿童进行了调查研究。霍尔认为根据研究所得到的儿童发展阶段特点是课程设计的最理想基础，他坚信，教育理论和实践每一次真正的进步，都应源于对儿童天性的正确认识。霍尔所持的是一种"儿童中心主义"课程观，即儿童处于课程的中心，强调儿童自身的兴趣与需要，主张给予儿童极大的自由。

霍尔思想里的两种观点对学前课程变革产生了较大的影响。其一，霍尔的"复演说"（个体的发展阶段是人类种族发展的历史的重演）对学前课程产生了重大影响。霍尔认为儿童发展阶段特点是课程设计最根本的基础。学前儿童所处的发展阶段正是对未开化的原始人的复演，那是一个充满神话和离奇幻想的时期，儿童的理性没有发展起来，情感生活是最基本的，因此要让儿童自由地游戏。儿童游戏的本质是一种遗传和本能的冲动，这样才能放松他们的精神，使情感得到充分的发展。一些学前教育工作者根据霍尔的"文化复演"理论来设计课程，探索印第安人和土著居民的生活方式，鼓励儿童做与原始人生活相关的游戏。但很快发现儿童对这些活动的兴趣是肤浅和短暂的，这些主题离儿童日常生活经验太遥远了。与此同时，"复演论"对学前课程中文学作品的选择也带来了不小的冲击。在理念主义哲学盛行时期，学前课程中的故事是为了帮助儿童形成理念，选择的故事基本以培养道德为主题。而霍尔认为4—8 岁的儿童处在神秘的诗意幻想阶段，夸张的神话与童话最适合这个年龄水平。神话和童话故事有助于发展儿童想象力，给儿童精神中的原始兽性一个发泄的渠道。霍尔推荐《伊索寓言》《格林童话》《圣经·旧约》甚至《荷马史诗》等作品，但学前教育工作者们很难接受神话故事中所包含的流血、杀戮和野蛮暴力，大部分人支持将神话故事做适当的修改之后再引入学前课程之中。随着儿童研究运动的发展，选择故事的标准被逐渐地修正了，越来越反映儿童研究专家的观点。人们认识到儿童当前的状态是受自身兴趣主导的，因此故事内容要符合儿童的兴趣。对儿童这种自然本性的认识驱使人们去寻找与儿童日常生活经验相关的真实故事。故事具有明显的偶然性，更多的对话，较少的细节描述，能够吸引儿童的好奇心，并有一个令人满意的结局。

其二，儿童研究对学前课程的最大影响莫过于霍尔所提出的儿童动作发展顺序是从大肌肉到小肌肉，换句话说，大肌肉的运动要先于细致的操作。霍尔反对过分强调发展儿童精神，建议应给予儿童身体更多的关注，而不仅仅是关心他们的心灵。霍尔认为福禄培尔提出的"统一法则""内部联系理论"等都是晦涩和难以置信的；他还指出福禄培尔课程中的"恩物"和"作业"是一种坐着不动的静止活动，由于操作材料过于精细，容易导致儿童疲劳和精神紧张。① 根据儿童研究的结果，儿童的身体动作发展顺序是从大肌肉到小肌肉，因此应该让儿童进行粗线条的

---

① Wortham, Sue C., *Childhood: 1892 - 1992*, Wheaton: Association for Childhood Education International, 1992, p. 47.

运动，操作大的教具材料。

从理论到实践的过渡存在着一定的困难，当进步主义者遵照儿童研究得出的结论进行课程设计时，往往被一些实际问题所阻碍。在福禄培尔幼儿园中，课程内容主要围绕着具有象征意义的"恩物"和"作业"建构起来，可以说"恩物"和"作业"是课程组织的核心。如果这些内容被放弃，那么需要选择和设计一些新的代替品来作为课程组织的中心。但依据儿童研究所揭示的规律和特点，找出恰当的操作材料来促进儿童身体和心理的发展并不是一件容易的事情。最初，尽管教育者怀着良好的愿景，但往往只是对旧的福禄培尔操作材料做简单的扩充和改造，抑或用新的方法来使用它们而已。

考虑到霍尔提出大肌肉的运动要先于小肌肉精细的操作这一观点，爱丽丝·坦普尔（Alice Temple）提出应多让儿童进行建构活动，使儿童的大肌肉得到锻炼，主张为儿童提供大的积木、玩偶、带厨房用具的儿童游戏房，等等。这些建议得到儿童研究专家们的支持。有的学前课程设计者认为，自由游戏是发展大肌肉的一种理想的方式，符合儿童的自然发展模式。弗雷德里克·伯克（Frederic Burk）曾经在克拉克大学追随霍尔学习，他于 1898 年至 1899 年领导学前教育工作者们花费一年的时间，来探索霍尔的思想和儿童研究的结果，把它们应用到学前课程之中，创设了自由游戏课程。他们通过自然观察和测试发现，儿童对福禄培尔的操作材料并不感兴趣，于是增加了新的有利于大肌肉发展的游戏材料（如跷跷板、秋千、玩偶、沙堆以及种植工具等）来刺激儿童自由游戏。选择材料的依据是儿童研究所反映出来的儿童的需要、兴趣和能力。

自由游戏课程的支持者们制订了如下课程计划:①

　　Ⅰ．祈祷，歌唱，运动儿歌，讲故事，伊索寓言，安徒生或格林童话。

　　Ⅱ．在黑板上解释故事，让儿童自己讲故事。

---

① Weber, E., *The Kindergarten: Its Encounter with Education Thought in America*, New York: Teachers College Press, 1969, p. 59.

　　Ⅲ. 休息——自由游戏。包括球类游戏和个体游戏。刺激个体游戏的材料有玩偶、绳索、小玩具、吹泡泡、沙堆，等等。

　　Ⅳ. 算术：数数或给物品分组。（利用小珠子或其他适合幼儿园的材料）

　　Ⅴ. 用一些物品，如图画、图画书等作为语言刺激物。（锻炼儿童语言的发展）

　　Ⅵ. 休息——自由游戏。

　　Ⅶ. 让儿童自由地用黏土、沙桌、剪纸或其他材料进行游戏，并不给予指导。

　　通过以上课程计划可以看出，自由游戏课程把儿童视为课程中的主体，并以此为依据来选择和组织课程内容，教师的指导让位于儿童自由选择和自由操作。自由游戏课程的创设理念是儿童是有感知觉的生命体，能够对周围环境刺激做出反应，它最大的创新是在课程中引入新的材料来引发儿童游戏。就价值取向来说，自由游戏课程偏重儿童本位，属于进步主义教育运动中浪漫主义一翼。

　　儿童研究运动在某种程度上改变着学前课程的目标、内容和实施，扩展了儿童所学知识的范围。虽然它没有提出一个完整的理论来支持幼儿园课程的重新建构，但儿童研究的结论为课程改革提供了一种新的心理学视角。

（二）"主旋律"：社会化课程与行为课程交织相伴

　　进步主义者对儿童研究运动的支持拥护是极其自然的，他们最初进行的课程改革尝试就是源于对儿童的经验性观察。儿童研究对学前课程中使用的课程策略（材料媒介和活动方式）是否有助于儿童的发展提供了有益的诊断，但并未对学前课程改革进行直接而有效的指导，未能形成系统的课程体系。一些迫切希望对当前学前课程进行改革的进步的学前教育者开始求助于杜威和桑代克等人。

　　在当时影响较大的课程有社会化课程和行为课程两种类型。所谓社会化课程，是指这种课程是为儿童以后的社会生活做准备，课程内容与现实生活密切相关，注重培养儿童解决实际问题的能力（如杜威本人设计的"工业化课程"、一线教师们设计的"主题课程"和生成性的"儿童中心课程"都属于社会化课程）；行为课程则指强调培养儿童良好行为习惯（包括生活行为和社会性行为）的学前课程。可以这样概括，社会化课程更多是受杜威实用主义教育思想影响；而行为课程则是以桑代克、华生等人行为主义心理学理论为基础。但不论是主张锻炼儿童解决问题能力的社会化课程，还是希望培养儿童良好习惯的行为课程，都带有明显的实用主义色彩。也正因为如此，这一时期的学前课程才被概括为实用主义学前课程。

1. 社会化课程崭露头角

（1）杜威的课程理论与实践探索

杜威是实用主义哲学的代表人物，他的实用主义思想和科学观与福禄培尔所信奉的理念主义和宗教神秘主义有很大的差异。杜威不同意福禄培尔课程中荒谬、晦涩的象征主义，认为那些牵强附会的解释是难以置信的。他认为课程首先要符合儿童内心的需要、兴趣以及能力水平，并且与他的日常生活直接相关。否则，儿童就会对之毫不感兴趣，失去动力。其次，课程要具有能动的社会作用。杜威指出："一个课程计划必须考虑课程能适应现在生活的需要；选材时必须以改进我们的共同生活为目的，使将来比过去更美好"，"承认教育的社会责任的课程必须提供一种环境，在这种环境中，所研究的问题都是有关共同生活的问题，所从事的观察和传授的知识，都能发展学生的社会见识和社会兴趣"。[①]

此外，杜威提出了著名的"思维五步法"，即"教学法的要素和思维的要素是相同的。这些要素是：第一，学生要有一个真实的经验的情境——要有一个对活动本身感兴趣的连续的活动；第二，在这个情境内部产生一个真实的问题，作为思维的刺激物；第三，他要占有知识资料，从事必要的观察，对付这个问题；第四，他必须负责有条不紊地展开他所想出的解决问题的办法；第五，他要有机会和需要通过应用检验他的观念，使这个观念意义明确，并且让他自己发现它们是否有效"[②]。这对学前课程的设计与实施产生了重要影响。

---

① ［美］杜威：《民主主义与教育》，王承绪译，人民教育出版社 1990 年版，第 205 页。
② 同上书，第 174 页。

　　杜威于 1896 年在芝加哥大学成立了实验学校，尝试将其教育思想转化为实践。在课程目标方面，杜威主张教育的主要目的应该是培养儿童适应社会的能力。杜威的实验学校更像一个微型社区，为了使教育活动更为接近儿童生活，并与其从前的经验连续起来，杜威认为在课堂之中应营造一种家庭一样的氛围。儿童在这样的环境中能够放松，扩大社会交往，提高理解力，重新组织和建构经验。

　　在课程内容方面，他坚持认为课程必须能够促进儿童能力发展，建构性质的操作活动对于学前儿童来说尤为适合。因为它需要敏锐的观察力，儿童在动手之前需要在头脑中对所建构的事物有一个清晰的表象，并认真地做出计划，在完成的过程中需要个人责任感，最后这种建构活动的结果是一种实实在在的可感知的形式，儿童可以判断自己完成任务的质量，这一过程正契合了"思维五步法"。杜威认为建构活动的实质是儿童将原始的内部冲动以一种高级的外部形式表现出来，在这一过程中，儿童逐渐学会思考，并有能力去应对新的情境。因此，杜威实验学校的学前课程中一个重要内容就是操作活动。这种操作活动已不再是福禄培尔幼儿园课程中的象征性手工作业，而是儿童用积木和其他原材料去完成一些真实任务，如当课程围绕清洁工这一角色进行组织时，儿童会用大块积木来铺路和搭建房子，用薄纸片、卷轴、纽扣来做四轮小货车等等。总之，在手工活动的时候，儿童会广泛地利用木块、皮革、纱线、黏土、沙等各种材料来实现他们自己原创的想法。

　　关于课程实施的过程，杜威强调儿童自身的兴趣和自由，指出教师要努力将自己的指导与儿童的兴趣相结合。教师的角色是指导者和帮助者，通过给儿童提建议来支持和引导他们的各种创造行为，而不是给儿童提供一个模式让其模仿。杜威强烈批评让儿童来模仿由教师发起的活动，他承认儿童具有高度的模仿能力，自然情境中的自发模仿是不可避免的，但它仅仅是作为引发出儿童自己的愿望和想法的一个手段。课程设计应该能够让儿童自由发起活动，这除了能够避免机械模仿外，还能发展儿童解决问题的能力。在自由活动中，儿童有自己的目的，因此会主动做出计划，并有足够的动力去完成它。但杜威曾指出："听任儿童自己无指导的幻想和爱好，或者以一系列正规的指令性的指示控制他的活动，在这二者之间没有中项，这种看法的荒谬是无以复加的。"① 也就是说，教师应为儿童提供足够的机会来实现自己的创意，儿童则进行自发而独立的活动，这样儿童的主体性得到充分凸显，教师的作用也得以发挥。

在以上思想的指导下，一些进步主义者与杜威一起设计了"工业化课程"（Industrial Program）。"工业化课程"不是对传统福禄培尔课程做表面上的改变（如增添一些新的材料，或者将"恩物"和"作业"冠以新的教育目的），而是在杜威教育理论基础上做的根本性变革。"工业化课程"关注现实中职业和为社会服务，它的目的是为儿童以后的社会生活做准备，保证其将来能为社会做出更多的贡献。在课程内容的安排中，可以发现这种课程强调"服务社会"。例如，游戏活动的主题是烤面包师、雕刻匠或清洁工的工作；早餐和午餐被纳入课程环节之中，由儿童完全负责服务性的工作，像摆桌椅、洗盘子、点数汤匙、估量食物等，数学和语言能力的发展很自然地包含在活动之中。② 课程扩展了儿童与社会接触的范围并加深儿童与社会接触的程度，使个体逐渐适应社会。这种课程代表了当时的一种流行趋势，下面将呈现杜威实验学校课程实施具体场景的一些片段：③

这几个班（4 岁班和 5 岁班）儿童的课程计划常常是灵活的。在一年的某个季节，通常是第二学期，儿童的活动通常是建筑一个学院。这是一个集体作业。有一两个房间的小屋，用砖筑成，这是儿童所知道的最小的屋子。逐日加添细节。街道有人行道和别的街道连接。加添了路灯杆，穿过街道有歇脚的地方。这些思想都是儿童自己的，不受直接暗示发展起来的。当儿童兴趣减退时（事先安排好材料和情境）继续进行这个计划的新的阶段。玩具城的街道和人行道完成了，使他们感到满意，一点暗示就足以引导他们的注意和

① ［美］杜威：《学校与社会·明日之学校》，赵祥麟、任钟印、吴志宏译，人民教育出版社 2004 年版，第 89 页。

② V. Celia Lascarides & Blythe F. Hinitz, *History of Early Childhood Education*, New York：Falmer Press, 2000, p. 223.

③ ［美］梅休等：《杜威学校》，王承绪等译，教育科学出版社 2007 年版，第 54 页。

致力于小屋内部的布置。

　　……

　　有一次到五金店去考察木工用什么工具造屋子，使孩子们想自己造了屋子带回家去。他们决定用大的匣子造屋。年龄较大的儿童把所有的纸量好、剪好，当墙壁。年龄较小的儿童把席子钉在地板上，把一块木板装上脚做成餐室的桌子。至于椅子，他们在木块上钉上靠背，坐垫上又钉上皮。年龄较大的儿童用没有锯开的木料做桌子和椅子，他们自己量自己锯。桌子和椅子做好以后，涂上清漆，座位装上人造革和棉布的套子。有些孩子把屋子外面加了油漆，保护墙壁"不受坏天气侵蚀"。屋子内部，糊纸"装饰"，还讨论决定了每个房间必要的家具，家具用纸板、木料或铅皮做成，安放妥当。这个设计的这部分工作的一个结果，便是每个孩子都培养了实现自己思想的能力；他是被推动着去做，显示个人的成绩。因此，他按照成就的程度获得成功的感觉。

　　杜威实验学校的课程相比其他幼儿园课程来说，并不庞大和复杂，但它与生活密切相关，锻炼儿童解决各种实际问题的能力。杜威认为学前教育的任务就是通过社会性的课程来引导儿童的行为。"工业化"课程的价值取向则偏重社会本位，可以归属为进步主义运动中社会改造主义一翼。

　　（2）一线学前教育工作者的课程改革尝试

　　在整个课程改革和试验时期，主要有两种不同的观点：一种倾向于以儿童日常经验为主题事件来组织课程；另一种则明显受到儿童研究的影响，认为课程应根据儿童自身的兴趣与需要来组织。受杜威教育思想的影响，为了在课程实施过程中能更好地贯彻其提出的"思维五步法"，很多幼儿园和教师选择以主题事件为入手点来设计和实施课程，这可以被称为"主题课程"，这种课程也是对当时杜威实验学校课程的模仿。当时学前课程的主题内容主要分为三类。①

---

　　①　Alice Temple, "Subject Matter in the Curriculum", *Journal of Proceeding and Addresses of the National Education Association*, 1919, pp. 175－178.

　　第一类主题是自然事物和现象。让儿童对自然事物和现象进行学习的主要目的是培养其准确的观察力以及探究精神，这些能力是发现科学真理所必需的。例如，为了加深儿童对自然的亲近感，教师会带领儿童到森林和河边去远足，开辟真正的花园让儿童种植和照顾花草，还会把蝴蝶、蜗牛、贝壳、鱼等带到课堂中来，让儿童进行观察，这些活动使儿童能够更好地理解生命，与自然和谐相处。

　　第二类主题是家庭和社区生活。有关家庭和社区生活的经验之所以得到支持和采纳，是因为它们能够扩展、丰富以及重构儿童的经验，发展儿童解决生活中实际问题的能力。例如，在哥伦比亚大学师范学院的附属实验幼儿园中，儿童在娃娃家游戏中，自己搭建房子、制作家具、缝制衣服以及准备午餐等；庆祝节日和一些季节性活动是家庭生活中非常有意义的事情，因此这些内容也成为学前课程的重要组成部分。

　　第三类主题是文学、音乐和艺术。文学、音乐和艺术活动被当作儿童思维的外在展现。这个时期，人们开始认为，儿童只有在活动中表达和展现自己的思想，才称得上是创造性活动，不管它离成人的艺术作品有多遥远。正如夏洛特·马丁德尔（Charlotte Sherwood Martindell）曾经指出的那样，"原始粗糙、自由的涂鸦能够让儿童努力地展现自己头脑中想法，这比精巧的执行预先的设计更有价值和教育意义，因为那仅仅是对老师制作的模型的一种毫无生命力的复制"。① 自由表达和展示自己的创意成为课程中必不可少的一部分，并且不仅仅是在艺术领域，同时也表现在音乐、语言以及其他一些活动中。例如，在音乐活动中，儿童不再像从前那样，遵照老师的指导按固定的程序活动，现在儿童可以自发地、主动地跟随节奏，表达自己的思想和意愿，这意味着儿童被赋予了更大的课程自主权。

　　下面以一所幼儿园的具体课程计划为例，将当时"主题课程"在实践中应用的具体情境呈现出来：

---

　　① Weber, E., *The Kindergarten: Its Encounter with Education Thought in America*, New York: Teachers College Press, 1969, p. 90.

一所幼儿园 9 月和 10 月的工作计划①

家庭环境主题——考虑不同儿童的家庭住宅环境；房间的数目；如何坐落；房间的利用；他们的家具；幼儿园中所使用的家具；将家庭的房间与幼儿的房间进行比较；用大块的建筑积木来搭建房间和家具。我们需要引导儿童观察太阳，找出一天内不同时间阳光洒向哪个房间。

家庭日常生活主题——家庭里面的工作，不同的日子要有不同的工作：星期一，清洗；星期二，熨烫；星期三，烘烤食物；星期四，女仆的假日，母亲的缝纫；星期五，一般的清洁日；星期六，烘烤食物，为周日做准备；星期日，改变日常活动。

考虑每一个家庭中要完成工作的细节，如清洗、熨烫、烹饪、缝纫等。例如，在烹饪过程中需要盆、盘子、锅、桶、火炉等。在思考将衣服悬挂在哪里时，我们应该联系到太阳和风。我们需要观察风向，并试图查明什么样的风是暖的什么样的风是冷的。如果可能的话，我们还可以观察记录太阳的变化，从这一周到下一周，阳光分别是通过何种路径洒在房间里，以及阳光在房间里停留时间的长短。

为冬天做准备主题——储存水果和蔬菜；准备更暖和的衣服。

外面的变化主题——森林、冷风、花和树的变化，这些在我们经常去公园远足的过程中就会被注意到，在令人愉快的日子里，我们将一边做游戏一边尽可能地回答儿童提出的问题。

感恩节主题——在家里为感恩节做准备，计划怎样度过那一天，让儿童自己计划我们应该怎样庆祝。为了感恩节盛宴，在幼儿园里我们将做果冻和蜜饯。水果将由儿童在最近的杂货店里根据自己的意愿亲自挑选和购买。制作的过程，也尽可能地让儿童参与进来。儿童可以自己挑选感恩节想要邀请的客人，并为其表演节目。宴会结束后，要自己整理餐桌、会场等。

家庭饲养动物主题——考虑儿童在家庭中已经熟悉的动物，在我们户外旅行的过程中让儿童进行观察。

――――――――――

① Anne Elizabeth Allen, Mate H. Topping, Mary Howell, Eloise Beardsley, "The Kindergarten", *The Elementary School Teacher and Course of Study*, Vol. 2, No. 2, Oct., 1901, pp. 141 – 146.

材料运用主题——大块的积木，用来搭建房子，围成院子的栅栏，制作家具等。黏土，制作盘子和其他的厨房用具。拉菲亚树和柳树，用来当作工具。汽油炉，用来烹饪。

韵律主题——最简单的行进、跳跃、跑、用不同的节奏鼓掌，等等。

以上这所幼儿园所做的9月份和10月份课程计划基本是围绕儿童家庭生活中一些最简单、最基本的元素来设计的。家庭是儿童最熟悉的环境，利用他们最熟悉的事情作为课程的主题，激发出他们探索的欲望，使儿童获得与生活密切相关的知识与技能。以上计划只是一个简明的纲要，在具体课程实施过程中是很灵活的，可以随时修改，教师可以根据儿童临时需要增加一些新活动。

就在一些学前教育者以主题为线索组织课程的同时，还有一部分人尝试着把儿童的需要和兴趣作为课程设计的起点，在实践中推行生成性的"儿童中心课程"，即完全将儿童置于课程中心，课程内容和操作材料的选择，以及课程的组织实施都要以儿童的兴趣、日常生活中的需要和原始的本能冲动为出发点。但这些都只能通过观察来发现，这就要求教师自己完全成为课程的设计者，并在课程实施中做出各种决定。

在那个时期，美国学前课程实践领域处于一种混沌的状态。幼儿教师们刚刚从福禄培尔课程僵化、固定的模式中解放出来，转而却又陷入了一种迷茫而尴尬的境地——各种新理论和思想如潮水般涌来，而在实践中却没有统一的课程标准和固定的范式可以参照。不论是受杜威影响的"主题课程"，还是生成性的"儿童中心课程"，教师在课程实施过程中都遇到了各种各样的实际困难，问题一直得不到很好的解决，并且很难寻得帮助，教师所面临的困境被描绘为"课程缺失"。直到行为主义者提出要对儿童进行行为习惯的训练，并设计出行为课程时，这种自由组织课程和选择材料的混乱局面才在一定程度上得到改变。

2. 行为课程应时而生

（1）行为课程的演化历程

行为课程的源起要追溯到帕蒂·史密斯·希尔所进行的课程改革试验。希尔作为美国学前教育事业的领军人物之一，于19、20世纪之交对福禄培尔课程进行了革新，引起了人们的广泛关注，并被邀请到哥伦比亚大学师范学院对幼儿教师进行培训。由于师范学院承担开发设计新课程的任务，希尔成了课程改革的主要负责人。她先后在纽约斯派尔学校（Speyer School）和贺拉斯曼学校（Horace Mann School）进行了课程试验。

在霍尔、杜威等教育思想的影响下，希尔经过十二三年的努力探索，开发了一套新的操作材料，最终代替了福禄培尔的"恩物"。希尔设计了大型积木，儿童可以利用它们来搭建"娃娃家""商店"等，她还引进了铃铛、打击乐器、号角等一些简单的乐器材料，并允许儿童自由地尝试和探索。① 希尔认为课程改革秉承的原则是"将民主的理念运用到课堂组织过程之中"。她根据这一原则设计了"小组教学法"，这与今天的幼儿合作学习活动类似。在课堂中，希尔让儿童围坐成一个圆圈，然后抛出一个主题，引导儿童进行讨论。在这里，教师是引导者而不是指挥者，儿童在课堂中拥有足够的自由。在这一过程中，儿童自我管理能力增强，并且获得了民主和谐的生活方式。② 希尔最初设计的课程与当时教育改革的趋势是一致的，在很多方面它都反映出儿童研究以及杜威的主张，如强调儿童的自由游戏、社会交往和问题的解决等。

随着时间的推移，希尔领导的学前课程改革试验开始关注儿童行为的改变。这是因为保守主义者们认为像希尔设计的这种社会化课程过于激进和浪费资源，这种尝试并不能使人信服。为了寻找一些证据来支持新的课程，教师们开始记录儿童一些典型的行为改变。希尔的课程试验由此渐渐发生了转向，开始注重儿童行为习惯的培养，最终发展成行为课程。

行为课程的宏观目标是培养儿童具体的行为习惯。它的支持者们认为，让儿童养成一些自动化的行为可以提高教育的效率和收益。例如，如果儿童学会站成一排，安静而有秩序地等待材料的分配，那么将会留下更多的时间进行自由游戏和创造性的建构活动。与此同时，养成好习惯也有利于儿童生活中的长远利益。希尔等人设计了"习惯目录"（Hab-

---

① Beatty, B., *Preschool Education in America: The Culture of Young Children from the Colonial Era to the Present*, New Haven, C. T.: Yale University Press, 1995, p. 118.

② Weber, E., *The kindergarten: Its encounter with education thought in America*, New York: Teachers College Press, 1969.

it Inventory）作为具体的课程目标，当然这也是衡量儿童行为是否改变的依据。"习惯目录"包含了教师在课堂之中能够传递给儿童的技能、态度、习惯、思想等内容。[①]

行为课程的具体内容和实施由希尔教授带领贺拉斯曼学校的教师一起商定。课程研究者们信奉教育任务是使人类的行为发生改变这一主张，但他们不希望用专横的、强迫的方式来塑造儿童某种行为，而是期望通过创设具有适宜刺激的情境，使儿童不可避免地对其做出反应，从而改变神经系统，进一步导致行为习惯的形成，最终升华为一种品格。因此，行为课程设计的基本原理是仔细选择材料和创设情境，引发儿童恰当的反应，并为其提供实践练习的机会，加强刺激与反应之间的联结。当时的课程设计者对给儿童提供什么样操作材料的关心远远超过了为儿童选择什么样的教育内容，因为改变行为的主要刺激因素就是操作材料，如沙子、黏土、积木、颜料等，这些材料被认为在课程实施中扮演着重要角色。

希尔认为，最应该受到重视的是道德行为和社会性行为，因此行为课程表现出对社会性行为的明显侧重，每一个典型教育活动都会涉及分享、责任、合作、谦让以及对他人尊重等行为。希尔与一线教师共同编写了《行为课程》（*A Conduct Curriculum for the Kindergarten and First Grade*）一书，这本书包含了大量来源于贺拉斯曼学校的课程实践的典型案例，如沙子游戏、积木搭建、手工活动等，而且还较为详细地指出了在每个活动中儿童的思想、情感和行为应该发生的变化，同时还对各种操作材料做了介绍。这本书既是教师的教学工作的参考指南，也是师范学院培训教师的教材。[②] 下面来看两个行为课程的案例：

案例一：纸制品手工活动[③]

典型的活动	思想、情感和行为的改变

① Beatty, B., *Preschool Education in America: The Culture of Young Children from the Colonial Era to the Present*, New Haven, C. T.: Yale University Press, 1995, p. 117.

② V. Celia Lascarides & Blythe F. Hinitz, *History of Early Childhood Education*, New York: Falmer Press, 2000.

③ Weber, E., *The Kindergarten: Its Encounter with Education Thought in America*, New York: Teachers College Press, 1969, pp. 131、132.

小班

剪纸	在活动中很愉快学会使用剪刀

中班

剪纸和折纸	学会使用和整理材料
粘贴——但兴趣在于使用糨糊	能够给他人传递剪刀
而不是将纸张粘在一起	学会剪
粘贴图片	学会正确恰当地传递剪刀
裁剪图片	用适量糨糊将纸张牢固地粘贴
	在一起
把纸剪成小块，用糨糊将纸张	学会折叠纸张
粘在一起	整理废料并收拾桌子
用纸制作花朵	保持愉快的心情进行活动
制作圣诞树的装饰品	
制作篮子、纸帽子、花冠、卡片、	
请帖、玩具风车等	

大班

进一步尝试用纸、糨糊、剪刀，	除了与中班相同的目标之外，
	还要达到的有：
制作一个在头脑中设计好的作品	学会把手工纸制品放在不会
	被弄皱的地方
制作剪贴书、纸房子	准确的测量并在恰当的地方
——剪出窗子和门，以及花	裁剪纸张
冠、纸偶、衣服、天使翅膀、	能够对自己的作品进行评价
请帖、路标、节日贺卡、纸风	找出需要改进的地方并
车、纸杯子等	知道如何改进
	在活动中始终保持愉快心情

一年级

所制作的东西大部分和	
幼儿园大班一致	在装饰布置的过程中十分愉快
	学到更多的技能，做出更详细
	的计划

为了特殊的装饰而进行
重复单元设计　　　　　　　　在设计过程中显示出原创性
为了制作模板而自发地裁纸和折纸

案例二：积木搭建活动①

典型的活动	思想、情感和行为的改变

小班

拿出积木和整理积木（积木放在一个大的盒子里面）	在处理积木的过程中保证自己和他人的安全
	在活动中保持愉快的情绪愉
用积木做各种练习（将积木垒起来或摆成一列，有时为作品命名）	快地使用积木
精力充沛地调动起整个身体用积木做游戏——让他们在地板上或者倾斜面上滑动	开始产生一起做游戏的兴趣 从其他儿童那里获得新的思想 学会分享材料
（游戏大多数以个体的方式进行）	

中班

拿出积木和整理积木	延续小班课程的行为目标
独自搭建积木或者集体搭建	增长与其他儿童一起工作的兴趣
在头脑中勾画出更明确的构思——利用更多的积木建构出更多的东西，如火车、房子等，并应用它们进行游戏	通过模仿获得新思想 培养儿童计划与设计的能力

大班

拿出积木和整理积木	延续中班课程的行为目标

---

① Weber, E., *Ideas Influencing Early Childhood Education*, New York: Teacher College Press, Columbia University, 1984, p. 70.

儿童偶尔独自活动，但大多
数时间自发结成合作小组，
并有明确的小领袖和追随者
有明确目标的建构活动
——在活动开始前通常已经
做好计划
不同的建构目标：
房子、医院、
商店、贸易站、
船、四轮马车、
火车、轨道等
逐渐增长对自己建构作品的兴趣

安全地搬运和搭建积木
安静、安全地拆掉建筑物

增长的能力包括：

一起工作
一起做计划
为达到一个共同目的交流思想
很长一段时间将注意力集中在一
个问题上
逐渐增长对建构活动的兴趣

一年级

拿出积木和整理积木

在自发形成的合作小组中活动
进行有目的的建构活动
——计划明确而详细，
游戏兴趣通常持续一周
建构的作品可以使用
（娃娃家、舞台）
用车轮、绳子和滑轮等
材料进行尝试

延续大班课程的行为目标，
提高效率
更加明确的计划

对创作的作品有更浓厚的兴趣

对简单的机械感兴趣

通过以上的行为课程案例可以看到，课程设计者所希望的教育结果
被明确地表述出来，涉及的基本是社会性、情感、动作技能以及问题解
决能力等方面的目标，几乎忽略了儿童认知方面的发展。行为课程注重
课程经验的连续性，每一典型活动都针对学前阶段三种不同年龄水平的
儿童（2.5—4岁，4—5岁，5—6岁）做了不同的设计与要求，也就是说
不同年龄段儿童的课程主题是相同的，但课程目标是不同的。为年龄最
小的儿童设计的活动很简单，一般是个体性操作活动，教学目标只是要

求他们的行为在最原始的水平上发生改变。随着儿童年龄的增长和经验的增加，儿童进行的活动往往需要与同伴合作，具备较高的动作技能以及思考能力。尽管行为课程在很多方面都能反映出杜威实用主义教育思想的影子，如强调儿童之间的社会交往和问题解决，但因为行为课程将培养儿童良好的行为习惯作为主要目标和内容，所以解决问题的过程成了塑造行为习惯的一种手段。对行为习惯目标的强调，使行为课程最终离开了杜威的哲学理念，而建立在桑代克和华生的心理学理论基础上。

　　行为课程之所以能够在实践中流行起来，有着诸多的原因：首先，它把培养良好行为习惯作为课程目标，这符合了美国处于上升时期资产阶级的价值观。例如，行为课程强调守时、整洁、责任、分享等，并注重培养儿童解决问题的能力，以适应变动不居的社会，这些与中产阶级的需要与愿望是相一致的。其次，行为课程较之其他新课程来说，能更好地帮助教师摆脱当时所面临的"课程困境"。行为课程的目标十分具体，这为教师制订课程计划提供了导向，并可根据行为目标是否达成来评判课程实施的效果以及儿童是否获得发展。在实质上，行为课程与当时倡导的民主观念并不一致。当时有人就曾指出，行为课程过于关注习惯的养成，并且由一套固定目标所支配，容易使课程僵化定型而导致刻板机械的教学。很可能出现这样的局面——行为课程初衷是想给儿童更多的自由，但结果却束缚了儿童的手脚。但行为课程对美国学前教育产生了深远的影响，直到今天很多学前教育机构的报告卡片仍然与"习惯目录"十分相似。

　　（2）行为课程产生的助推力

　　行为课程之所以能够产生，首要的动力源毫无疑问地来自于桑代克的联结主义心理学和华生的行为主义心理学理论。科学化运动在20世纪20年代左右深深地影响了美国教育的方方面面，学前教育者致力于使教育具有科学性，他们开始求助于新的心理学理论。正是在桑代克和华生的心理学理论的影响下，出现了注重培养儿童良好行为习惯的"行为课程"。

　　其次，教育测量运动和追求实用和效率的社会思潮也对行为课程出现起到了推波助澜的作用。所谓教育测量运动，就是将精确的测量技术和数字统计的法则应用到教育领域之中。哥伦比亚大学的桑代克作为测量运动积极而富有成效的促进者，他希望能够借此提高教育效率。桑代克相信，教育是否获得了成功可以通过对行为改变的结果进行测评来判断。他在 1906 年这样说道："正如一个科学家，尽管他尽自己最大努力使他的结论更加准确，使他的论据更有逻辑性，但只有当他的结论被实践所证实时，他才会感到真正的满意。因此对于教师来说，在尽可能完善地设计和实施了教学计划后，必须通过测试来检验他的教学效果，并考虑到这些不能证实的不确定的结果。"① 这种推崇实证主义、追求效率的思想很快被美国教育者所采纳和接受，狂热的测量运动也迅速波及学前教育，人们开始尝试对儿童进行能力测试，依据客观的测量结果来确定学前课程的目标。

再次，行为课程也很明显受到了一种属于唯科学主义的课程分析方法影响。当时流行的观念是教育研究应该像自然科学研究一样客观严谨，部分教育专家们开始用科学的思维来分析课程结构元素，最主要的代表人物就是博比特（Franklin Bobbitt）和查特斯（Werrett Wallace Charters）。博比特努力寻求高效率课程，在他 1924 年出版的著作《如何编制课程》（*How to Make a Curriculum*）一书中，他把课程编制者比喻为"教育工程师"，"教育工程师"的任务就是利用自己的"教育测量工具"来确定不同课程的具体目标，并指出实现这些目标的路径。② 在博比特看来，教育是为未来成人生活做准备，可以通过分析人类生活中需要的各种经验和实际活动来确定课程目标。博比特将课程目标制定得十分明确和具体，将课程内容分解成很多细小的"行为"。他在写给学前教育工作者的建议中指出："生活和教育是同一个过程，永远不能分离。行为是生活的目标，也是生活的过程，同样它也是教育的目标和过程。"③ 博比特的观点和做法给予行为课程极大的启示。查特斯是另外一个课程分析的倡导者，他坚持认为课程设计的第一步是通过哲学思维对生活进行思考，确定课程目标，接下来的步骤是运用分析方法从已

---

① Edward L. Thorndike, *The Principles of Teaching*: *Based on Psychology*, New York: A. G. Seiler Press, 1916, p. 258.

② ［美］坦纳：《学校课程史》，崔允漷等译，教育科学出版社 2006 年版，第 204 页。

③ Weber, E., *The Kindergarten*: *Its Encounter with Education Thought in America*, New York: Teachers College Press, 1969, p. 110.

确定的目标中做出选择，然后根据心理学研究得出的儿童特性组织实施课程。尽管博比特和查特斯共同宣扬的一种思想就是课程应来源于生活，并为儿童以后的社会生活做准备，然而他们的观点和说法却推动了行为课程的产生发展。

3. 社会化课程与行为课程的结合

（1）克伯屈的方案教学法（The Project Method）

作为杜威教育理念的解释者和桑代克思想的继承者，克伯屈影响了整整一代教师。克伯屈认为在教育领域中，存在广义教学法和狭义教学法两种方法。广义教学法的提出是受杜威实用主义教育哲学的影响，它是以生活为中心，确定教育目的、课程和教法的方法；狭义教学法是建立在桑代克的心理学理论基础上，是传授知识和技能的方法。[①] 其中，对学前教育影响最大的还是克伯屈提出的方案教学法。方案教学法的理论基础是杜威教育思想与桑代克的联结主义心理学的结合，它强调在一种社会情境中促进行为目标的达成。这样可以激发儿童有目的的活动，同时加深其对周围世界的理解。

方案教学法的基本原理是课程应以儿童为中心来进行组织，让其在一个社会化的环境中进行有目的的活动。克伯屈认为儿童有目的的行为是课程组织的关键，把教育建立在有目的的行为基础上意味着把教育过程等同于有价值的生活本身，因为生活就是由一系列有目的的行为构成。[②] 教育不能仅仅为儿童以后的生活做准备，同时也应关注儿童当前的目的，这样教育才能与生活相接近；同时，将儿童行为的目的作为课程目标，可以最大限度地激发其获得成功的动机；儿童一旦达到目标，成功的满足感会加强儿童行为与环境之间的联结。儿童的知识和技能得到强化，同时也增强了儿童的学习热情。克伯屈的这种教育主张明显是对桑代克所提出的准备律、效果律、练习律等三大学习定律的应用。

① 吴式颖、任钟印：《外国教育思想通史》（第九卷），湖南教育出版社2000年版，第288页。

② V. Celia Lascarides & Blythe F. Hinitz, *History of Early Childhood Education*, New York: Falmer Press, 2000, p. 211.

克伯屈认为课程应由一系列活动项目构成，主要包括手工活动、体育运动、智力活动和审美活动，据此他提出了四种类型的设计方案：第一，建构设计，使思想具体化于一些外部形式，如搭一个小船或表演游戏；第二，欣赏设计，如听故事或欣赏图画；第三，问题设计，澄清一些困惑，如探索是否结露珠儿了；第四，练习设计，它的目的在于获得某一种或某一程度的技能或知识，如学习读、写、算等。这四种类型的设计方案被克伯屈称为"具体的学习方案"，其目的是锻炼儿童思维，帮助其获得具体解决问题的技能。克伯屈曾指出，只要儿童有意解决问题，问题解决便是一个项目。[①] 下面以一所乡村实验学校为例，来描绘一下方案教学法在实践应用中的具体情境。[②]

> 在1919年时候，埃尔斯沃思·科林斯（Ellsworth Collings）负责管理密苏里州的三所乡村学校。他挑选了其中一所学校，对方案教学法进行了为期四年的试验。埃尔斯沃思实验学校的儿童每天要进行四种类型的方案活动：游戏方案、远足方案、故事方案、动手操作方案。其中，游戏方案包括小组游戏、民间舞蹈、戏剧艺术或社会性聚会；远足方案包括有目的地去学习研究那些与环境、当地居民活动相关联的问题；故事方案包括口头故事、唱歌、图画书和用留声机记录下来的故事；动手操作方案的例子有设计一个捕捉兔子的陷阱、种植香瓜、为午饭准备热可可。

方案教学法一经提出，很快就吸引了一批学前教育者，他们利用这种方法来设计和实施课程，使其成为幼儿园课程体系中的一个重要组成部分。在克伯屈的影响下，学前教育者们更加坚定的认为，教育必须以儿童的兴趣和活动为起点，教师根据儿童的兴趣来创设问题，并引导儿童解决问题。然而，在大部分一线幼儿教师眼中，方案教学并不是一种全新的东西，他

---

① ［美］坦纳：《学校课程史》，崔允漷等译，教育科学出版社2006年版，第173页。

② Catherine C. DuCharme, "Historical Roots of the Project Approach in the United States: 1850 – 1930", Paper Presented at the Annual Convention of the National Association for the Educationof Young Children, 1993.

们认为之前的社会化课程以及行为课程，与方案教学是完全类似的。在 20 世纪初期的幼儿园里，一直将儿童的兴趣与活动作为课程的起点。例如，之前的"主题课程"就是围绕与现实生活密切相关的各种问题而组织起来的，并让儿童在游戏情境中解决问题，这在形式上与方案教学并没有太大的差别。当时幼儿园中对方案教学法的具体应用如下。①

> 例如，教师组织儿童进行与家庭生活相关的方案活动。引导儿童建造那些家庭中用来安全地存放食物的储藏室；在角色扮演游戏中从事买卖活动；还会建造微型农场；在感恩节里，会安排庆祝收获的活动。在其他的季节和节日，也会有针对性地设计相应方案，使儿童理解生活中有意义的事件。

从上面的描述中，可以看出幼儿园对方案教学法的运用与杜威实验学校课程、主题课程等并没有什么不同。幼儿教师们没能认识到，不论是在课程设计的出发点还是课程目标方面，克伯屈的方案教学法都有着自己的独特特点。根据克伯屈的本意，选择和设计方案出发点是儿童的心理逻辑，而不是围绕社会问题进行预设；课程的根本目标不是为了培养儿童社会适应能力、为促成民主社会做出贡献，而是希望儿童能够获得对自身发展有益的思维能力。而且与杜威所主张的课程应该从儿童经验出发、学习组织好的学科内容不同，克伯屈基于"儿童未来的需求是未定的"这一观点，反对"预先确定"学科内容。②

在那个注重科学与效率的时代，人们普遍关注良好习惯的养成、促进课程标准化以及学习结果的可测量性等几个方面。在这种背景下，幼儿园教育实践中的方案设计都预定了明确的目标和具体的学习内容，这使得方案教学法远离了克伯屈本人的定义。克伯屈认为方案设计的核心是"儿童有目的的活动"，即尊重儿童的心理需求，但当时幼儿园中的方案设计都采

---

① Catherine C. DuCharme, "Historical Roots of the Project Approach in the United States: 1850 – 1930", Paper Presented at the Annual Convention of the National Association for the Educationof Young Children, 1993.

② ［美］坦纳：《学校课程史》，崔允漷等译，教育科学出版社 2006 年版，第 174 页。

用了一种固定僵化的模式，没有留给儿童主动发起"有目的的活动"的机会。克伯屈反复重申方案计划应来自儿童而不是教师，他把"教育天平"倾斜到儿童一端，这也是他与杜威教育理念之间的根本差别。杜威要求教师对课程进行预设，以日常生活中的内容作为课程设计的主题，最终目标是通过教育促进民主社会的达成；而克伯屈则主张把儿童个体的目的作为课程设计的起点和目标，让课程在实践中生成，从而进一步走向了儿童中心。但必须承认的一个现实就是：由于一线教师并没有领会克伯屈的意图，从而导致了幼儿园教育实践中对方案教学法的应用一片混乱。他们更多的是在打着"方案教学法"的旗号，实际上却沿用社会化课程或行为课程。

（2）爱丽丝·坦普尔的"幼小衔接课程"（Kindergarten-primary curriculum）

在20世纪的前1/3，由于工业化、城市化进程导致城市人口不断增多，公众对幼儿园也越来越支持，美国幼儿园招生数量几乎翻了三番，而且幼儿园逐渐变为公立学校的一部分，幼儿园和小学很自然地演化为一贯性的教育系统。为了给儿童提供连续的教育经验，学前教育者们开始致力于促进幼儿园课程与小学一年级课程的衔接与统一。在那个年代，人们越来越倾向于从心理学的角度来看待4—8岁这一生命阶段，反对不合逻辑地将学前教育与小学教育割裂开来，主张在幼儿园与公立学校系统之间建立起有机联系。学前教育家们一直倡导将学前课程的理论与实践运用到小学教育中。他们认为，把生活与学校教育联系起来的实用主义学前课程是一种冒险尝试，体现了全新的教育理念。学前教育者们带着传教士般的热情，在初级学校中传播他们的课程理念。帕克曾经用浪漫主义的语言来表达自己的观点"在幼儿园中，新教育和新生活的种子已经种下，正在慢慢发芽，蓓蕾和花朵正朝向太阳生长，不要让传统教学的寒冷使它们凋零。唯一正确的教育理念正在幼儿园中运用，这些理念应该贯穿所有教育阶段，直至走向天堂大门。"① 为了实现"幼小衔接"，必须设计出一种适合两种不同水平教育的新课程。

当时美国有两所大学专门组成研究小组，开发"幼小衔接课程"，其中一个是希尔所在的哥伦比亚大学，另一个是爱丽丝·坦普尔所在的芝

---

① Francis Wayland Parker, *Talks on Teaching*, New York：E. L. Kellogg & Co. , 1893, p. 157.

加哥大学。对于希尔这个人物，前面已经做过简单介绍，她曾经追随霍尔、杜威学习，并与克伯屈和桑代克一起在哥伦比亚大学师范学院工作，这些经历都对她的思想产生了很大影响。其中，对希尔影响最大的还是桑代克，她以行为主义心理学为理论基础，指导一线教师编写的《行为课程》（*A Conduct Curriculum for the Kindergarten and First Grade*）一书，一个主要的目的就是增强幼儿园和一年级教育经验的连续性。爱丽丝·坦普尔作为芝加哥大学幼儿教育系的负责人，深受杜威影响。爱丽丝·坦普尔和她的学生在实践中对幼儿园课程和小学一年级课程进行统整的工作大约进行了 11 年，最终于 1925 年出版了《幼儿园与小学一年级统一教学法》（*Unified Kindergarten and First-Grade Teaching*）一书。①

　　由于对效率的追求和实用主义哲学的推崇，使得任何一个教育家都很难提供一种与"效率化""实用化"的潮流相悖的课程。爱丽丝·坦普尔的"幼小衔接课程"试图融杜威教育思想和行为主义心理学理论为一体。它要求课程设计必须来源于对生活的研究，尽可能包括社区生活的各个方面，而且强调儿童的直接经验，这些都很接近杜威所主张的课程应该是生活经验的重构；与此同时，受桑代克理论影响，它还重视培养儿童的行为习惯。除此之外，培养读、写、算技能的任务也被包含在课程之中，因为它们被视为必须掌握的社会技能。爱丽丝·坦普尔提出了课程设计的三条原则②：第一，设计的课程要符合社会需要；第二，课程内容要符合学生的成熟水平；第三，选择的主题和活动要有相应的价值。他们考虑到学习效率的问题，反对那种生成性的学前课程，在爱丽丝·坦普尔等人看来，教师并不能够决定儿童学习什么并激发出他们的兴趣，课程应该是预先设计好的，但在课程实施过程中，教师可以根据实际情况选择一些儿童关心的具体内容。

　　课程设计是非常复杂的事情，爱丽丝·坦普尔等人期望能设计出一种高效率的课程，在多种复杂的要素中建立一种平衡。她们力求使课程

---

①　V. Celia Lascarides & Blythe F. Hinitz, *History of Early Childhood Education*, New York：Falmer Press, 2000, p. 270.

②　Samuel Chester Parker & Alice Temple, *Unified Kindergarten and First-Grade Teaching*, Boston：Ginn and Co. , 1925, p. 51.

能同时满足社会和个人的发展需求；兼顾心理顺序和逻辑顺序，既关注到心理发展的连续性，也不打破知识和技能的系统性和逻辑顺序；此外，还要照顾到不同个体的不同需要。爱丽丝·坦普尔等人对当时存在的各种教育思想理解得比较全面和透彻，他们所著的《幼儿园与小学一年级统一教学法》一书涵盖了七方面的内容：幼儿园与小学一年级教育统一的历史；统一课程方案的社会和心理学目标；课程内容的选择；课程的心理学组织和编排；物理环境和设备；经典组织与日常活动方案；统一教学法的精神实质。其中，也记录了儿童多种多样的学习过程，包括问题的解决、技能的发展、模仿活动、习惯养成以及儿童自我表现活动等。和简洁、直接的行为课程比较起来，芝加哥大学出版的这本书则包含了更丰富的内容，可以被看作一个包罗万象的百科全书。

尽管这本书中记录和阐释了一些课堂实践案例，但其理论性仍然相对较强。它并没有直接帮助教师解决教育实践中的问题，而是要求每一位教师都能以这本书的基本理论和原则为基础，独立地做出关于课程的决策。也许正是因为爱丽丝·坦普尔等人的建议理论性太强，使得教师在实践中很难遵守他们的建议，所以他们的课程思想并未能在实践中被广泛运用。

最后需要提到的一笔是，在进步主义教育运动的影响和学前教育者的努力下，最终实现了幼儿园与小学一年级课程的衔接。学前课程对一年级课程的影响主要表现在三方面[1]：其一，改变了小学的课堂氛围，使儿童在学习过程中更加积极，并充满了游戏的趣味。幼儿园所强调的通过游戏促进儿童个体能力的发展、自由的活动以及合作的社会态度等逐渐渗透到小学之中。其二，改变了一年级某些学科的教学方法，例如在音乐课堂中，增加了很多新材料来促进儿童的自由表达。其三，引进了一些新学科，在小学一年级的课程中，穿插了手工活动和自由游戏。与此同时，一年级的课程也对幼儿园产生了一定影响，幼儿园的手工活动和游戏开始包含一些算术内容，并引导心智较为成熟的儿童进行阅读。

总之，在那个课程改革风起云涌的时代，美国学前教育领域存在着

---

① V. Celia Lascarides & Blythe F. Hinitz, *History of Early Childhood Education*, New York: Falmer Press, 2000, p. 270.

千差万别、纷繁复杂的教育思想和理论，新的课程理念因此而层出不穷。学前教育工作者也在努力尝试着根据新理论来设计新课程并冠以不同的名称，如"自由游戏课程""工业化课程""主题课程""行为课程""方案教学法""幼小衔接课程"等新课程纷至沓来，令人应接不暇、眼花缭乱。但在真实的教学实践中并未有哪一种课程以绝对的优势压倒其他，而是呈现出一种融合的局面。虽然并没有统一的政策与规定，但不同幼儿园的课程实践却有着惊人的相似之处，主要表现为如下几点：第一，儿童的身心发展特点和兴趣成为设计课程的出发点，任何一种课程方案都要考虑儿童兴趣和已有经验。第二，各种新课程的核心内容都是建构性的操作活动。它的特征是允许儿童自由操作，或者利用教师提供的材料来满足自己的兴趣、实现自己的愿望，或者通过自己的努力来解决教师预先创设的问题。第三，在新课程实施过程中，教师都成功地转变了角色，成了活动的引导者而不是控制者。他们通过精心创设环境和提出建议来引发儿童各种行为，提高儿童解决问题的技能和培养行为习惯。第四，新课程注重实用性，强调对儿童实际能力的培养。不论是哪种课程，都注重与实际生活相联系，讲究课程的实用价值，反对福禄培尔课程以培养理性、德性为目标的观点，认为其是空洞而没有意义的。以上特点中我们可以很明显地看到，霍尔、杜威、桑代克等人的思想已经深深地渗透到学前课程实践之中，在这里它们以一种混合的姿态出现。尽管在理论层面他们的观点存在着矛盾甚至是相悖的，但学前教育工作者致力于用各种新理论来进行课程改革，他们在进行课程实践探索的过程中，很少考虑不同教育思想之间的分歧。

（三）"伴奏"：进步派与保守派激烈论战

在进步主义者进行实践探索的同时，也在与保守主义者就学前课程问题进行着激烈的争论。所有关于课程的争论在"国际幼儿园联盟"（International Kindergarten Union）的会议上凸显出来，这场关于课程的论战持续了大约 20 年。这场论战的实质是理念主义与实用主义之间的较量。

国际幼儿园联盟成立于 1892 年，它成立的初衷是促进学前教育者之间的积极交流合作。1897 年，该组织于圣路易斯召开了一次大规模的联合会议，课程问题是讨论的焦点，来自美国各地的会员对课程问题表现出前所未有的关心。在会议上，进步主义与保守主义两派进行了激烈的争辩来反驳对方观点。他们争论的焦点主要有如下几个：关于带有神秘主义色彩的福禄培尔"恩物"和"作业"的应用；有创造力的活动；自由游戏和教师的指导。保守主义者支持严格遵循事先规定好的方法和顺序对"恩物"进行操作，并完成固定的"作业"，进步主义者则认为应打破这种僵化的课程模式，并添加新的操作材料；保守派认为，彻底放弃模仿的过程对儿童来说是一种危险，教师必须要对其进行引领和指导，进步派则认为让儿童自由游戏和进行创造活动对其成长非常重要。

为了扭转争论不止的局面，国际幼儿园联盟于 1903 年成立了"十九人委员会"（Committee of Nineteen），目的是对当前的学前教育思想做出清楚的阐释，统一学前课程。1907 年，委员会向国际幼儿园联盟做了如下汇报："学前教育工作者们努力在最大限度上达成思想的统一，我们会调和各种不同的意见，对福禄培尔的教育理念做出明确阐释，对各方的认识进行调节，达到和谐统一的状态。"① 但这种乐观的基调并不能掩饰思想上的根本分歧，进步主义者和保守主义者的思想冲突是不可调和的。

1909 年，"十九人委员"会向国际幼儿园联盟提交了分开的三份报告。一份代表保守主义者的观点，主张坚持传统的福禄培尔课程，这份报告广泛地从古代和当代哲学思想中寻找支持福禄培尔教育理论的依据。另一份代表进步主义者的观点，进步主义的报告主要有两个主张：一是教育必须把它的方法建立在对人的发展科学研究的基础上，另一个是教育的目标应由社会来决定。这份报告明显受到霍尔、杜威等人教育思想的影响。还有一份就是折中主义的报告，试图把传统的思想与科学研究相结合。折中主义的报告反映了一些委员会成员摇摆不定的状态，他们相信福禄培尔的课程不能再坚持，但他们仍然很难放弃一贯的观点，更加困惑能否赞同新的进步主义的思想。于是，他们试图对二者进行调和。保守主义者的报告是他们捍卫自己的哲学信仰而做出的最后努力，这也

---

① Lucy Wheelock, "Report for Committee of Nineteen of the International Kindergarten Union", *The Elementary School Teacher*, Vol. 8, No. 2, Oct., 1907, pp. 79 - 87.

表明了传统力量的顽强和固执。

尽管当时十九人委员会中多数人支持福禄培尔课程，但这并不能代表国际幼儿园联盟中的领导者的思想，保守主义者的声音还是很快在讨论中消失了。在随后的会议和公开发表的报告中，人们不再讨论到底应用哪一种哲学思想指导课堂实践，关注的焦点开始转移到如何在实践中实现科学思想与学前课程的结盟。保守的理念主义课程失去了阵地，让位于进步的科学实用主义课程。

（四）"插曲"：蒙台梭利课程"昙花一现"

20 世纪初期，就在美国教育者对福禄培尔课程有诸多不满、进步派与保守派不断论争的时候，一个新课程模式的出现吸引了美国学前教育工作者的目光，并被视为一个新的竞争对手，那就是蒙台梭利课程。

1. 蒙台梭利课程的主要特点

蒙台梭利课程是由意大利的一位女医生——玛丽亚·蒙台梭利设计并努力向公众传播的课程模式。1907 年，蒙台梭利在罗马开办了第一所"儿童之家"，主要招收那些因母亲外出工作而无人看管的 3—7 岁的儿童。蒙台梭利学习过医学、心理学和人类学，曾经在罗马大学的精神治疗所担任助理医生，服务于智力有缺陷的儿童。这些经历唤起了蒙台梭利对残疾儿童的兴趣，她开始努力尝试使智力发展滞后的儿童获得知识和技能。蒙台梭利学习研究了法国伊塔（Itard）和塞根（Seguin）为智力障碍儿童设计的教育方法和教具，在此基础上创造了一系列精巧的"训练材料"作为教具，并粗略地勾画出帮助儿童进行阅读和书写的蒙台梭利教育方法。[①]

在课堂环境创设方面，蒙台梭利彻底打破了学校教育传统。高大的课桌和固定不动的椅子消失了，取而代之的是适合儿童尺寸的桌子和可以移动的小椅子。还增加了一些放东西的小家具，如架子和柜子，小家具的高度以儿童可以轻而易举地取这些材料为准。[②] 这样的环境设计主要

---

① ［美］戈芬、威尔逊：《课程模式与早期教育》，李敏谊译，教育科学出版社 2008 年版，第 50 页。

② 同上书，第 71 页。

是考虑到要保证儿童身心健康发展和培养儿童的独立性，同时也是对传统教育限制儿童自由活动的一种挑战。更具有革命意义的是，在课程组织形式方面，正规的集体教学活动被省却了，学习活动以个体指导的方式来进行。儿童通过操作那些由自己选择的、具有"自动教育"功能的教具来进行学习，这与强调教师指导作用的福禄培尔课程形成了鲜明对比。蒙台梭利认为只有把儿童从教师权威的束缚中解放出来，才能拥有真正的纪律。她曾这样写道："在一间教室里，所有儿童的活动都是有意义的、理智的、自愿的，没有任何粗鲁的行为，在我看来，这就是良好的课堂纪律。"[1] 蒙台梭利还主张，如果一个儿童不能正确理解和运用他所操作的教具，教师要做的并不是去指导他，而是使活动暂停，等到更合适的时间再让儿童操作。无论如何都不能让儿童产生一种失败感，否则这将会成为儿童将来学习中的一个障碍。总之，蒙台梭利的基本理念就是自由民主和对个体的尊重。

　　蒙台梭利课程内容的设置主要包括实际生活技能的练习、感官训练以及读和写能力的培养。注重实际生活技能的训练是蒙台梭利课程的重要特色之一。在"儿童之家"，训练儿童学会照顾自己的生活起居，要求儿童掌握系腰带、纽扣、鞋带等生活基本技能，保持教室环境的整洁干净也是其中的一项，儿童每天负责清扫地板、擦拭家具、以完美的顺序将物品摆到架子和柜子上；在自然环境中进行园艺活动，照顾植物和动物也是实际生活技能训练所包含的内容。对于美国学前教育工作者来说，这些课程内容并不陌生，因为它们与杜威实验学校中的课程颇有几分相似。但蒙台梭利并不是将这种训练自然融入日常生活中，而是专门设计了一系列练习各种生活技能的方法和教具。

　　重视儿童感官训练和智力的培养，这是蒙台梭利课程的另一个重要特点。蒙台梭利认为感官教育是智力发展的基础。为了训练感官分辨能力，蒙台梭利专门设计了一套教具针对儿童各种感官进行训练，而且能自动纠正儿童的错误，实现自动教育的目的。例如，蒙台梭利设计了一套训练视觉感知能力的教具，这套教具由数量为 10 的圆柱体和一块有 10

---

　　① Maria Montessori, Tr. from the Italian by Anne E. George, *The Montessori Method*, London: Heinemann, 1919, p. 93.

个直径大小不等的圆孔的木板组成，每个圆孔都只有 1 个能和它紧密配合的圆柱体，只有儿童正确地把每一个圆柱体放入与之大小相符的圆孔之中，练习才能完成。如果儿童试图将大的圆柱放进小的圆孔之中，则不可能实现；如果儿童将小的圆柱放进大的圆孔之中，则会有剩余圆柱体不能放入圆孔之中。[①] 因此，这套操作材料被视为有自动纠错功能。除此之外，蒙台梭利还利用一些重量不等的小木块训练儿童感知重量的能力、用装水的金属碗训练儿童感知温度的能力、用大量颜色促进儿童良好辨色能力。在感官练习中，蒙台梭利希望通过为儿童提供不同的知觉刺激，使其感知更加精确。换句话说，它的目的并不是让儿童了解颜色、图形和物体的质量，而是想通过感官训练发展儿童注意力、比较力、判断力等。

蒙台梭利课程另一个与众不同的特点是对儿童早期书写和阅读的强调，而且要求书写练习先于阅读练习。蒙台梭利把书写和阅读的练习作为感官训练的一种自然延伸，她认为经过感官训练之后，书写和阅读能力在儿童 4 岁左右就可以发展起来。蒙台梭利设计了专门的教具训练儿童书写和辨认字母的能力，如儿童对几何体的接触有助于发展儿童的握笔能力；对砂纸字母的探索可以使儿童在头脑中对字母有一定印象，教师从砂纸上剪下大型的手写体字母，贴在方形的硬纸板上，让儿童把视、摸、描、发音结合起来，以掌握字母的形体。[②]

蒙氏学校儿童一日生活作息表[③]

开放时间：上午 9 点—下午 4 点

9 点—10 点　进入学校，问好，对个人的卫生情况进行检查。日常生活练习，互相帮助穿脱工作围裙。仔细检查教室，看看是不是所有东西都一尘不染、井然有序。语言：对话时间：儿童叙述前一天发生的事情。宗教活动。

---

① 吴式颖、任钟印：《外国教育思想通史》（第九卷），湖南教育出版社 2000 年版，第 186 页。

② ［美］戈芬、威尔逊：《课程模式与早期教育》，李敏谊译，教育科学出版社 2008 年版，第 188 页。

③ 同上书，第 74 页。

10 点—11 点　智力练习。在操作过程中间有简短的休息时间。命名练习和感官训练。

11 点—11 点 30 分　简单的体育活动。优美地进行日常动作练习，身体的正常姿态、行走、直线行进、敬礼、注意力的移动，优美地放置物体。

11 点 30 分—12 点　午餐：简短的祷告。

12 点—下午 1 点　自由游戏。

下午 1 点—2 点　指导性游戏。如果可能的话，在户外进行。在这个阶段，年龄稍大的儿童轮流仔细进行日常生活练习、清洁教室、除尘、把东西按顺序放好。对清洁的检查：对话。

下午 2 点—3 点　手工工作。陶土制作、设计等。

下午 3 点—4 点　集体性体育活动和唱歌。如果可能的话，在户外进行。这些练习是为了发展儿童的预见性：参观和照顾动植物。

蒙氏教具

感官教育的教具

三套立体嵌板

三套尺寸渐变的立体嵌板：粉红色的立方体、棕色的菱柱和彩色棒

几何立体组（例如，棱柱、棱锥和球体）

砂纸触摸板（有着粗糙和光滑表面的四方板）

不同物件的集合（例如，天鹅绒、缎子和羊毛制品）

不同质量的小木板

两盒各有 64 种颜色的彩色板

包含平面嵌板的几何图形拼图橱

三套在纸上粘有几何图形的卡片

装有不同物体的封闭式圆筒——听觉筒（听觉）

两套音感钟和刻有线条的木板，在音乐活动中可以在这木板上写下五线谱

为书写和算术做准备的教具

两张斜面桌和各种各样的金属嵌板

砂纸字母卡片

印有两个字母的不同尺寸的彩色板

砂纸数字卡片

在一张光滑的纸上用于列举 10 以上数字的一系列大卡片

两盒用于计数的数棒

图画和彩色铅笔

用于绑带子、扣纽扣等的架子

2. 蒙台梭利课程美国之行遭遇"滑铁卢"

蒙台梭利的教育理论与实践在当时引起了世界各国的关注，并于 1910 年左右传入美国，曾在美国一度引起强烈反响。当时正处于论战之中的美国学前教育工作者对蒙台梭利课程进行了短暂而集中的研究，一些人亲自去意大利的蒙台梭利学校参观访问，以获得第一手资料。但好景不长，蒙台梭利热在美国迅速降温，美国教育学者们很快就蒙台梭利课程达成了共识——它不是包治百病的万能灵药，甚至比福禄培尔课程还要局限。蒙台梭利课程在美国受到质疑、批评的主要原因如下。

首先，从社会背景来看，20 世纪前期的美国面临工业化和城市化进程带来的诸多问题，人们寄希望于教育来对社会现状进行改造，信奉杜威实用主义哲学的学前教育工作者希望通过教育来培养儿童的实际生存能力。蒙台梭利课程最大的缺陷在于不能培养儿童的创造力和解决问题的能力。蒙台梭利预先设计好的各种操作材料已经否定了儿童在更广的范围内做出自由的选择。美国学前教育者们认为，尽管蒙台梭利将其教育方法自诩为"自由的教育"，但无论在思想上还是在行动上，都未赋予儿童真正的自由。各种技能的练习都是非常正规和精密严格的，儿童必须按照预先规定的方法来操作蒙氏教具。"如果儿童用材料中的木块来做搭建火车的游戏，而不是按照等级的顺序排列，这些木块就会被老师拿走。"[1] 从某种角度来看，在教学过程中使用固定而局限的材料并禁止儿童利用其他任何形式来操作它们是对儿童学习过程的一种机械控制，儿童好比被放入固定的模型里浇铸，他们的创造性将会被扼杀。与此同时，

---

[1]　Weber, E., *The kindergarten: Its Encounter with Education Thought in America*, New York: Teachers College Press, 1969, p. 78.

蒙台梭利的课堂之中为了发展儿童的感官所提供的情境和训练与学校之外的真实生活经历相距如此的遥远，以至于儿童所获得的技能和知识很难在解决现实问题的过程中被运用。在信奉实用主义哲学的美国教育者看来，真正自由的教育应该是允许儿童在一个自由的情境中，自己来判断和选择各种与生活密切相关的材料，然后按自己的想法来使用它们。

其次，虽然"儿童之家"中的民主氛围让人佩服，但美国人还是对蒙台梭利课程的理论基础持怀疑态度。美国学前教育者认为蒙台梭利课程中的感官训练是建立在过时的官能主义心理学基础上，她所设计的练习方法和教具都是建立于能力可以做一般迁移的形式训练论。而20世纪最初10年，行为主义心理学正处于兴盛时期，深受桑代克、华生的学习理论影响的教育者们对此并不认同。行为主义的支持者们认为学习是刺激与反应的联结，是强化练习而导致行为发生变化，儿童学习目标就是良好行为习惯的养成。蒙台梭利课程的意图是希望儿童从感官训练中抽象出一般的知识和能力，这与当时流行的心理学思想并不一致。从某种意义上来讲，官能主义心理学与行为主义心理学的观念差异，恰恰是对"形式教学论"与"实质教学论"之间矛盾的一种映射。

再次，蒙台梭利课程对阅读和书写的重视与美国当时对智力发展的看法是背道而驰的。在整个20世纪的前半期，在美国占主导地位的智力理论就是"发展预定论"或"智力固定说"，其中比较有影响的就是霍尔的"复演说"和格塞尔的"成熟说"。霍尔认为学前期儿童所处阶段相当于"原始人阶段"，理性并没有发展起来，生活于虚构故事和离奇幻想之中，情感生活是最基本的。格赛尔的"成熟说"则明确指出，儿童心理发展是由机体的成熟决定的，他们都反对过早对儿童进行读、写、算的教育，认为这是毫无意义的，甚至对儿童发展有害。可以说，蒙台梭利采取特殊的教育措施来促进儿童智力发展的思想与当时流行的智力发展理论是相冲突的。美国学前教育者坚持注重儿童社会性发展的一贯传统，将读、写、算排除在学前课程内容之外。

最后，对于熟悉福禄培尔课程的教师们来说，蒙氏教具对他们没有任何吸引力，教师们不想受它的束缚。正如韦伯所说，幼儿教师刚刚把自己从"由某套活动材料主导的课程体系"中解放出来，蒙台梭利的操作材料对他们没有任何的吸引力，他们不愿意再次受到一套新的、类似的固定化课程体系的束缚。① 一些人将蒙台梭利课程与福禄培尔课程做了比较，尽管他们承认蒙台梭利课程重视个体自由，在实施过程中教师很少给予儿童直接指导，但从宏观角度来看，他们还是认为蒙台梭利课程与福禄培尔课程一样的机械刻板。

总之，随着对蒙台梭利"儿童之家"教育实践的深入了解，美国人对蒙台梭利课程的热情迅速减退，到了 20 世纪 20 年代，人们几乎不再提及蒙台梭利课程了，而是继续进行本土化课程改革的探索。

四　从"理想"走向"现实"：20 世纪初期美国学前课程的发展特点

过去，福禄培尔通过哲学思辨的途径设计了学前教育领域第一套成体系的课程；现在，学前教育家们开始依赖科学，希望通过科学来建构符合儿童发展的新课程。由于科学逐渐成了时代的强音，从哲学演绎出来的福禄培尔课程不可避免地走向了衰微。人们开始拒绝福禄培尔对其所创设的幼儿园课程所做抽象思辨的象征主义解释，主张用客观实证的方法来研究儿童和课程，致力于使课程符合儿童身心特点，满足个体和社会需要。具体说来，20 世纪初美国学前课程的发展动向主要体现在以下几个方面。

（一）课程目标：从"培养完满人性"走向"发展儿童的社会性"

福禄培尔在理念主义哲学基础上，设计了学前教育领域中第一套成体系的课程。理念主义是人类最古老的一种哲学思想，属于保守哲学。在本体论上，它坚持人性二元论，认为人由心灵和肉体组成，且心灵高于肉体，真正的教育是心灵的教育。因此，福禄培尔课程强调教育中的宗教和精神方面，最终实现促进心灵发展，追求理性永恒。课程的目标是培养完满的人性，帮助人认识人性、自然和上帝的统一。随着科学时代的到来，对理想主义的信仰衰落了。深受进化论影响的进步主义者摒

---

① Weber, E., *The kindergarten: Its Encounter with Education Thought in America*, New York: Teachers College Press, 1969, p. 79.

弃了身心二元论，认为儿童是一个进化着的有机体，精神和身体是一体的，属于这个有机体的不同方面。人类的一切机能都是自然的，精神也不例外，仅仅是自然进化的结果。教育要关注儿童身心全面发展，包括身体发展、情感发展和社会适应能力，等等。在霍尔的儿童研究运动、杜威实用主义教育思想以及桑代克、华生等人行为主义理论的影响下，课程目标不再是"培养完满的人性"，而是"发展儿童的社会性"。

（二）课程内容：从"抽象"走向"实在"

在认识论方面，保守的理念主义者认为人主要是用理性去认识世界。因此，福禄培尔课程内容围绕着具有象征意义的"恩物"和"作业"而建构起来。"恩物"和"作业"的主要目的是推动儿童有意识地使自己的内部世界与外部世界联系起来，并通过自我活动来实现内部世界和外部世界的统一，最终引导儿童认识终极真理，走向理性永恒。到了19、20世纪之交，科学和哲学的发展深刻地影响了课程内容的选择。进步主义者则认为人们通过经验的方式来认识他们赖以生存的世界。他们反对知识的获得是通过对事物最深处逻辑的直觉洞察这一观念，转而认为知识是通过科学观察和现实经验而获得。进步主义的学前课程开始关注实实在在的现实，强调儿童的直接经验。为了扩展、丰富以及重组儿童的经验，自由游戏成为学前课程中最重要的一部分，放弃了福禄培尔课程中抽象的恩物游戏；并以日常经验为主题来组织课程内容，家庭和社区生活的内容被采纳。课程内容告别了象征主义和神秘主义，走向了现实。

（三）课程实施：从"僵化固定"走向"自由灵活"

由于保守的理念主义哲学持有永恒的真理观，而在福禄培尔课程中，儿童被期望能够掌握亘古不变的真理，因此福禄培尔主义课程实施过程是僵化固定的，十分重视教师的作用。他们要为儿童提供精确而细致的指导，教学程序已经被设计好，教师没有什么创造性可以发挥。进步主义者认为，真理是不确定的，是不断变化的，根植于经验之中，儿童可以通过自由探索去发现真理。"原始粗糙、自由的涂鸦能够让儿童努力地展现自己头脑中的想法，这比精巧地执行预先的设计更有价值和教育意义，因为那仅仅是对教师制作的模型的一种毫无生命力的复制。"① 新课程中，教师的指导让位于自由选择和自由操作，教师需要抛弃权威，以民主的方式与儿童一起活动。这意味着教师被赋予了更大的课程实施自主权，教学过程更加自由灵活。尽管行为课程由于关注习惯的养成，由一套固定的目标所支配，渐渐使课程僵化定型并导致刻板机械的教学，但行为课程的初衷是想给儿童更多的自由，结果变成给儿童更多的束缚，这是课程设计者始料未及的。

---

① Weber, E., *The Kindergarten: Its Encounter with Education Thought in America*, New York: Teachers College Press, 1969, p. 90.

第 二 章

关注情感发展：20 世纪 30 年代至 60 年代的主情主义学前课程

　　第一次世界大战成了学校课程变革的一个转折点，随着战争的爆发，人们关注点开始转移，四处弥漫着一种个人主义，课程的社会性目的逐渐消失了。正如克雷明所说，当 1918 年第一次世界大战结束的时候，学校不再是一个比较激进的概念——社会改革的手段，社会改革的含义围绕下面这个信念而重新界定：每个个体都有着独一无二的创造性潜能，学校专注于帮助儿童发展他们的潜能就是一个真正致力于人类价值和人类卓越发展的社会的最好保障。[①] 20 世纪 30 年代，在弗洛伊德主义和表现主义的影响下，学前课程开始全面关注儿童情感的发展，强调儿童个体潜能的发挥和自我表现。此次课程变革呈现出滞后性。在学前工作者开始讨论情感释放和表达时，进步主义教育家在 10 年前就开始对其关注了。在当时的学前教育领域里，行为主义心理学以及杜威的实用主义教育思想是如此的流行，以至于注重情感发展的新课程经历了很长一段时间，才渐渐走上历史舞台的中心。

一　寻根究底：主情主义学前课程发端的原因分析

（一）现实国情：美国社会发展大环境及学前教育状况

　　一战结束后，美国曾出现了严重的通货膨胀，经济急剧下滑，但这

---

　　① ［美］戈芬、威尔逊：《课程模式与早期教育》，李敏谊译，教育科学出版社 2008 年版，第 94 页。

种局面是暂时的，很快美国的社会生活又恢复了一片繁荣的景象，1922—1929年，美国进入了所谓的经济发展"黄金时代"。美国的工业采用了新的科学化管理手段，并更新和开发了一系列生产技术，从而大大提高了生产效率，缩短了劳动时间，人们有了更多闲暇的时间进行休闲娱乐活动；企业的合并使资本更加集中，出现了更大的垄断组织；汽车的发明带来了交通运输业的革命，汽车制造的数量相当可观，1929年时全美平均约5人就有一辆汽车，这为家庭进行短期旅行提供了便利和可能；无线电广播和电影的普及使美国普通民众实现了文化共享；广播和杂志中间夹杂着的广告铺天盖地，伴随着分期付款的信贷消费方式大大刺激了中产阶级和工人阶级的购买欲望；高速公路的建设和汽油产量的增长鼓励着人们在假期里出去旅行。总之，那个时期美国人的生活方式在某种程度上再一次发生了改变，实现了一次小的飞跃。

　　20世纪20—30年代也是美国在社会道德文化方面的一个转折期，在此之前绝大多数的美国人都恪守传统的道德规范，但随着20世纪20年代经济的进一步繁荣，人们过上了相对富足的生活，于是开始追求新奇和刺激，企图建立起一种更自由、更具个性的道德体系和观念。这种对传统道德的反叛最显著的表现是年青的一代对两性关系的放纵，当时的人们开始在公共场所毫不避讳地谈论性问题，男女之间的两性关系比较混乱，热衷于各种新式舞蹈，沉迷于色情小说。弗洛伊德精神分析心理理论的传入则为他们放纵的行为提供了有力的支持：人格之所以出现问题，就是因为性欲受到压抑，因此要释放人的性本能。在本质上，这种放荡不羁的行为是一种追求个体自由的极端个人主义的表现。这股反传统潮流对当时的进步主义教育运动产生了极大的影响，使其进一步走向了"儿童中心主义"，小学课程的变化表现得最为明显，在一些实验学校的一、二年级中，开始以"儿童兴趣"为课程设计的基本出发点。与此同时，这种强调个人主义的倾向也在学前课程中初露端倪，有人开始关注儿童个性特征和创造力的培养，更加强调儿童自由和情感释放。

　　在20世纪二三十年代，整个美国都处于一种虚幻的错觉当中，认为贫穷与战争已经成为过去，国家进入了永久繁荣时期。然而，在这种繁荣背后却暗藏着一场大的危机，正在向美国悄悄逼近。垄断资本的不断集中与扩大加剧了资本主义社会固有的矛盾；股票的投机产生了泡沫经济，使全国陷入了虚假的繁荣；贫富差距越拉越大，处于社会底层的人群几乎丧失了购买能力，同时另一部分靠分期付款来进行消费的人群的购买力也十分的脆弱。在以上种种因素的作用下，美国于 1929 年 10 月爆发了历史上最严重、最持久的一场经济危机。这场经济危机带来的大萧条持续了将近十年，给社会各个阶层的人民都带来了深深的痛苦。数以万计的人失去工作，流离失所，而且不光是社会底层的人，一些富裕的或中产阶级的家庭也遭受了很多艰难困苦。

面对突如其来的经济危机，处于盲目乐观状态之中的美国人并没有足够的心理准备，上至国家领导层面，下至学校管理者，都没有能够对大萧条做出迅速反应。在 30 年代初期的一段时间里，学校教育的理念与实践并没有太大的变化，人们深信经济很快会恢复往日的繁荣。但事与愿违，这场危机迟迟得不到化解，社会的巨大变化终究波及教育领域。当时美国经济形势不断恶化，学校也陷入了财政困难之中。一些城市为了缓解学校财政压力，减少预算和开支，幼儿园被关闭；还有一些地方则对幼儿教师进行了裁员，教师人数被大量消减。削弱处于教育领域中最底层的幼儿园是很容易的，并且也被认为是理所当然的，在很多人眼中幼儿园只不过是"繁荣时期的奢侈品"。对于一部分政府官员和公众来说，他们很难理解学前教育的价值，尤其是在危机重重、国难当头的时刻，幼儿园的存在似乎变得可有可无了，人们更容易将目光投向与当前社会现实状况联系更直接、更密切的中等教育或高等教育，也许正因为如此，进步主义教育者才将精力转移投入到中学课程的实验与改革之中。在这种大背景下，美国进步主义幼儿园运动走向了衰落。

但与此同时，学前教育者尝试着为 2—4 岁儿童开办的另一种新型的学前教育机构——保育学校在美国发展了起来。曾经一度关心儿童保育状况的学前教育者们十分欢迎保育学校运动。早期的美国幼儿园招收 3—7 岁的儿童，但进入 20 世纪后随着幼儿园成为公立学校的一部分，对儿童的入园年龄有了更为严格的限制。公立学校系统有着刻板的年龄分段，幼儿园所招收儿童的年龄为 4 岁或 5 岁，比小学一年级的儿童小 1—2 岁。在这种情况下，保育学校负责招收年龄更小的儿童，最小的只有 18 个月左右，这也展示出了学前教育向下延伸的趋势。保育学校在 1920—1930

年十年之间，数量从最初的 3 所增长到了 262 所。① 美国的保育学校取代了幼儿园，成为教育事业的第一阶梯。随着经济危机的到来，保育学校的数量不但没有减少，反倒进一步繁荣起来。罗斯福政府为了缓解当时社会中存在的各种冲突和挽救经济危机，在大萧条期间成立了联邦紧急救助署（Federal Emergency Relief Agency），专门为失业者提供经济救济和就业机会，保育学校就是其重点支持和资助的项目之一。另外，人们对儿童心理研究和早期儿童教育研究的热情持续高涨，对儿童如何成长与发展的知识十分渴求，这也间接推动了美国保育学校的发展。

美国初期建立的保育学校大多设在大学里，作为大学里具有研究性质的实验学校或者是作为培训幼儿教师的教育实习学校而存在。例如，衣阿华州立大学所设立保育学校，目的就是对儿童进行科学研究，并传播心理学知识。随后在全国很多大学里都成立类似的附属保育学校，像哥伦比亚大学师范学院、加利福尼亚大学等。但需要指出的是，尽管在心理研究的过程中，要对儿童进行科学的观察和测试，但儿童是安全的，儿童在这里会受到足够的尊重，在任何时候让儿童更好地发展都是优先要考虑的问题。20 世纪 20 年代左右，一项伟大的基金——洛克菲勒纪念基金（The Laura Spelman Rockfeller Memorial）被投入到儿童研究事业之中，从而为众多的研究者提供了资金支持，有利于研究成果的扩展，能够更有效地支持学前课程改革。

美国保育学校运动发起之初是由那些接受过正规高等教育的年轻女性所领导的，她们积极学习心理学理论，并努力把最新的儿童研究结果应用到教育实践中去，努力使保育学校与那些过时的、缺乏科学性的慈善机构区别开来，使其更具有教育性。尽管保育学校被冠以"保育"这样的名称，但其在实质上并不是只注重保育而忽视教育的，恰恰相反，自保育学校建立之初，由于受当时的儿童研究运动和进步主义教育运动影响，就十分强调对儿童进行科学的教育，重视儿童身心全面发展。但在经济大萧条时期，由于师资质量不能得到保障，同时受传统惯性的影响，刚刚成立的一些保育学校和未被关闭的幼儿园都沿袭使用了行为主

---

① Mary Dabney Davis, *Nursery School：The Development and Current Practices in the United States*, U. S. Office of Education Bulletin, No. 9, 1932.

义课程，强调对儿童进行行为习惯的训练。有美国学者曾这样描述："我记得当时在怎样指导儿童的行为方面，有很多并不是很恰当的事情被说成是'适当的'和'正确的'。那个时候，很少把注意力放在儿童的情绪和儿童的发展需求及他们所面临的问题上。更多地把重点放在社会行为和一本大圣经进行的训练。"① 随着经济危机的结束，保育学校的教师们开始寻找新的课程来代替旧有的习惯训练课程，于是他们求助于大学里研究者们的理论指导。很快的，以儿童为中心、以精神分析心理学为理论基础的课程流行起来。

（二）理论基石：精神分析心理学与成熟论"并肩而行"

　　大规模的课程变革总是伴随着新理论的传播及其在实践中的应用。在 20 世纪 20 年代左右，弗洛伊德的精神分析心理学在美国被广泛传播，并对文学、艺术、教育等多个领域产生了影响。美国学者伊尔丝·福瑞斯特（Ilse Forest）曾做了严格的历史研究，发现精神分析心理学深刻地影响了美国和英国的学前教育。②

　　奥地利的弗洛伊德创立的精神分析理论开创了心理学领域的一个全新方向，他以无意识为研究的主题，探索人类的情感、动机以及人格等深层次的内容，因此也被称为深度心理学（depth psychology）。弗洛伊德提出了潜意识论，认为人的心理就像是浮在水上的冰山，意识就是处于表层而显露出的冰山一角，而看不见、感觉不到的潜意识则是深藏在水下的巨大山体，正是这种隐匿在水下的潜意识才是决定人类行为的真实动机。那么，这种潜意识的内容到底是什么呢？弗洛伊德给出的答案是本能欲望。弗洛伊德提出了本能论，认为本能是人生命中的原始冲动和内驱力，是人心理过程的基本动力。一旦本能受到压抑，就很可能会带来病态的人格。在此基础上，弗洛伊德将人格结构划分为本我、自我和超我三个部分。其中，本我是人与生俱来的潜意识结构部分，是人真正

---

　　① ［美］普鲁纳林、约翰逊：《学前教育课程》，黄瑾等译，华东师范大学出版社 2005 年版，第 77 页。

　　② Weber, E., *Ideas Influencing Early Childhood Education*, New York：Teacher College Press, Columbia University, 1984, p. 105.

的心理现实，完全受本能驱动而不受理性的约束。自我代表的是理性，属于意识的结构部分。自我是人与环境的相互作用的产物，是沟通本我与客观世界的中介。超我是人格中的最高层，代表着良心与理想，超我的作用在于控制、约束和引导自我。当本我、自我和超我三者协调一致时，就能形成健康的人格。传统教育的基本功能就是对儿童的本我进行驯服压制，使其行为符合社会的习俗与道德。然而，过分压抑人的本能冲动很有可能会有招致精神疾病的危险，因此教育不应该一味地讲究禁止和压制，必须寻求一种合理的方法，以保证儿童人格健康发展。弗洛伊德认为童年的经历在人的一生中有着重大意义，他曾指出："个人生活的不幸常常可以到童年期的经验中去寻找根源。这是由于这些经验常因压抑而转换为心理疾病或某种特殊的性格，在儿童长大后，成为行为的主要动机，不自觉地表现于日常生活之中，而原始的动因早已忘却。"①弗洛伊德坚信人格在 5 岁前几乎已经完全形成，5 岁前的经历对人格发展具有决定性作用。尽管弗洛伊德本人并未就教育问题做专门研究，但他的理论对教育（特别是学前教育）的影响却是深远的。弗洛伊德曾经于1909 年访问美国，并在克拉克大学做了五场关于精神分析理论的讲座，使精神分析在美国得到传播并逐渐扎下根来。

　　受弗洛伊德的影响，美国当时流行的趋势是从精神分析心理学的视角来研究儿童和学前教育。但美国学者在某种程度上对弗洛伊德的理论做了修正，弗洛伊德过于强调生物学的本能力量而忽视了文化在人类行为中所起的作用，这被认为是偏激的。尤其是 20 世纪 30 年代，西方资本主义社会爆发严重的经济危机，给人们的心理造成了巨大的压力，精神疾病的患者日益增多；祸不单行的是刚从经济萧条的沼泽中走出来的美国人又陷入了战争的阴影之下，第二次世界大战的爆发更是使人们流离失所、苦不堪言，战争给人们带来的心理重创导致了更多精神疾病的发生。很显然，弗洛伊德的泛性论并不能对当时人们的致病原因做出合理解释，精神疾病多发的主要诱因是现实社会生活中的各种复杂因素，尤其突出的就是经济因素和文化因素。美国精神分析派的理论家们逐渐发展起一种新的精神分析理论，主要特点是认为文化、社会条件、人际关

---

① 　杨汉麟、周采：《外国幼儿教育史》，广西教育出版社 1998 年版，第 377 页。

系等因素在人格形成中起着重要作用，现代人所出现的一些的心理问题，如焦虑、恐惧感、孤独感等，都是由于人的本能需要与社会要求不能协调一致而引发的。

在这个压力重重和充满忧伤的时期，情感上的关爱对美国人显得尤为重要。随着美国寻找社会焦虑和挫败感来源运动的兴起，教育者们越来越关心儿童的精神健康。精神分析理论逐渐成了保育学校运动的理论背景。比较著名的学前教育理论研究者就是劳伦斯·弗兰克（Lawrence Frank）和丹尼尔·普雷斯科特（Daniel Prescott），他们努力扩展对儿童精神健康和完整人格发展的关注。他们涉足儿童心理卫生领域的研究，试图寻找行为中的非理性动机，并指出这种非理性动机并非来源于个体本身，而是来自外部文化环境的激发。劳伦斯·弗兰克十分坚信儿童的社会化行为应该用精神分析心理学来解释。弗兰克指出对个体进行塑造，使其与现有的社会模式相符合，不可避免会导致人的挫败感与焦虑。在这一过程中，儿童最基本的需求就是教师的理解、支持和温柔对待。唯有如此，儿童在社会化的过程中才不会变得充满了怨恨与敌意，并带有强烈的攻击性。[①] 弗兰克相信，如果给予儿童情感的关爱和足够的宽容，儿童将会朝着友善、合作、绅士的方向发展。弗兰克反对以行为主义心理学理论为基础的课程，认为其充满了机械主义倾向，容易导致儿童畸形的行为。他主张要对儿童进行合理引导，将儿童从机械的行为习惯训练中解放出来。弗兰克认为学前教育肩负着重大责任，能够为文化的未来发展奠基、导航。

丹尼尔·普雷斯科特是美国教育委员会（American Council on Educa-tion）儿童发展部与幼儿教师人事部的领导，后来成为马里兰大学儿童研究中心的成员。他受精神分析理论的影响，认为教育最重要的就是引导每一位儿童人格健康发展。丹尼尔·普雷斯科特赞同弗兰克的观点，认为儿童的所有行为都是有原因的，寻找引起个体行为的原因至关重要。而且大部分儿童都在某种程度上面临着自我心理调节的问题，这使学校中的教育问题变得复杂，因为学校需要同时完成促进儿童学业进步和人

---

① Weber, E., *Ideas Influencing Early Childhood Education*, New York: Teacher College Press, Columbia University, 1984, p.125.

格发展的双重任务，这意味着教育者需要关注到儿童发展的各个方面，尤其是帮助儿童建立起良好的情感，保证其精神健康，从而塑造出完整儿童。丹尼尔·普雷斯科特一直努力地促使教师相信并理解，教育的主要任务是引导儿童人格健康发展。

这一时期的美国学前课程虽然深受精神分析理论影响，但也并没有能彻底摆脱实验主义心理学的影响，对儿童研究的信赖在这个时期也达到了顶点，对儿童身心发展规律的认识成为设计所有课程的决定性因素。事实上，保育学校运动吸引了一大批致力于进行标准化研究的儿童心理学家，其中在当时影响最大的就是格塞尔（Arnold Gesell，1880—1961），他提出的成熟论在 20 世纪 30 年代至 50 年代的美国非常流行。格塞尔是美国著名的儿童心理学家，在克拉克大学获得博士学位之后，就去耶鲁大学创办了儿童发展研究所，在那里进行婴幼儿神经运动发展研究。格塞尔曾经追随霍尔学习，深受霍尔复演说和达尔文进化论的影响。霍尔的复演说认为个体每一阶段的行为都与这个阶段相对应的种族发展阶段的行为模式相一致，了解每一个阶段的发展特点十分重要。格塞尔继承了这种观点，并对婴幼儿进行了标准化研究。研究成果显示，儿童成长过程中表现出的各种特点都与年龄阶段密切相关，因此格塞尔提出了成熟势力说。所谓成熟的含义是指，儿童的心理发展过程是有规律、有顺序的，可以把这种发展看作一种模式。这种模式是由物种和生物进化的顺序决定的，是由生物遗传体的基本单位——基因决定的。[①] 格塞尔认为，个体成长主要依靠"成熟"，这是最基本、最有力的推动力，儿童的成长是不能由外界所控制的，是复杂而神秘的。

格塞尔的成熟论是对华生的环境决定论的一种否定。根据格塞尔的成熟论，儿童的行为不需要被塑造，而是在成长过程中受到自身内部能量的调节和控制。将成熟理论作为教育儿童的基本假设，则意味着个体成长更多依赖于本能的成熟，而较少受环境因素的影响。但格塞尔并没有彻底排除环境在儿童发展中的作用，他认为良好的环境可以有助于儿童发展其生命中最积极、宝贵的资源；不良的环境则会阻碍和压抑儿童自然潜能的顺利发展。格塞尔曾经指出，环境因素对儿童发展起到支持、

---

① 杨汉麟、周采：《外国幼儿教育史》，广西教育出版社 1998 年版，第 361 页。

影响和特定化作用，但并不能产生（或改变）基本的发展形式和个体发展顺序。只有当结构与行为相适应的时候，学习才能发生；在结构得以发展之前，特殊的训练及学习收效甚微。[①] 因此，掌握儿童成长规律对于教育者来说非常重要，因为它能够很清晰地显示出儿童在不同年龄阶段的发展特征，使教育者了解每一个儿童的身心发展状况是超前、正常还是滞后，在适宜的时机为儿童提供有针对性的教育经验和训练，提高教育效率，避免教育资源的浪费。

在那个时期，研究者们试图用大量的事实来描述人类发展过程中的细节，描述性的数据代替了抽象的推理过程，这些研究结论很快被应用到学前教育之中。格塞尔利用心理学实验研究与观察的方法，建立了关于儿童发展的常模，提供了儿童各方面发展状况的标准化数据，使教师在教育儿童的过程中有据可依，根据儿童身心发展阶段特征来设计安排课程。例如，有教师指出："当我们考虑应该为 5 岁儿童提供什么样的教育经验时，首先要回顾他的发展阶段特征和能力，主要包括身体发展、模仿能力、语言、兴趣、情感、社会化发展以及想象力等方面现有水平，这些信息通过细致的观察很容易获得。"[②]

格塞尔曾专门就教育问题发表过这样的观点：那些认为儿童是可以依靠外界力量来塑造的教师和家长，他们并没有理解儿童真正的本性。儿童更类似于植物，而不是泥土。雕塑泥土与植物成长是完全不同的两种过程，雕塑完全依靠外力，而植物生长则是依靠内部的力量。对儿童进行理智的指导要建立在"成长观"（而不是"塑造观"）的基础之上。[③]可以说，格塞尔的教育思想是对卢梭自然主义教育主张的延续，即主张教育必须以儿童为中心，以儿童为本位。但在对环境与教育在儿童发展中所起作用的看法上，格塞尔比卢梭更为偏激，他认为教育应该完全追随于儿童的自然发展，教育者应该消极无为地追随于儿童。行为主义者华生所树立起来的教师在塑造儿童过程中所扮演的权威形象在这里被格

---

① 杨汉麟、周采：《外国幼儿教育史》，广西教育出版社 1998 年版，第 362 页。

② Weber, E. , *Ideas Influencing Early Childhood Education*, New York：Teacher College Press, Columbia University, 1984, p. 60.

③ Ibid. , p. 59.

塞尔的成熟论彻底推翻了。

此外，值得注意的一点是，虽然格塞尔对儿童身心发展做了标准化的数据研究，并得出这样的结论：儿童成长过程中表现出的各种特点，都与年龄阶段密切相关，"身心发展"最重要的决定因素就是年龄增长而带来的成熟。但他并不认为所有儿童的发展都有着刻板的标准和统一的模式，格塞尔认为儿童发展除了存在共性外，发展速度以及各种能力也有着一定的个体差异。格塞尔反对现实中的学校按照统一的标准来要求所有的儿童，因为这样会忽略儿童按照自己的发展时间表活动以及发挥特有潜能的需要，格塞尔主张教师的主要任务就是帮助儿童发展个性，所以在教育过程中要给予儿童更多的自由，课程安排设置应该较为灵活，不能拘泥于某种固定的模式。

二　历史重现：主情主义学前课程的发展脉络解读

（一）本土探索：美国主情主义者的学前课程思想与实践

早在 20 世纪初期，就在美国学前教育者们大张旗鼓地进行课程科学化与实用化改革的时候，就有人开始尝试着将学前课程从强调培养儿童外在能力转移到关注儿童内在情感方面。美国学前课程悄悄进入了第二次改革，其目标是通过潜能和情感的释放来实现个性的解放。其中，最为著名的就是卡罗琳·普拉特（Caroline Pratt）创办的"城乡学校"（The City and Country School）的课程和玛格丽特·南姆柏格（Margaret Naumberg）的沃尔登学校（Walden School）的课程。

1. 卡罗琳·普拉特的课程研究与实验

卡罗琳·普拉特于 1867 年出生在美国纽约，曾于 1892 年在哥伦比亚大学师范学院学习福禄培尔教学方法。卡罗琳·普拉特认为福禄培尔课程是神秘而机械的，她反对按固定顺序对恩物进行操作和预设好各种活动，因为这意味着对儿童的束缚。1913 年，卡罗琳·普拉特在纽约一家私立学校里任教，在这里她被赋予了极大的自由，可以利用自己的方法来组织教学。卡罗琳·普拉特允许儿童用自己所喜爱的方式来进行建构活动，表达自己的思想。尽管他们创作的作品往往十分粗糙，但是儿童的愿望得到了满足，感到十分愉快，正是儿童的这种表现唤起了卡罗琳·普拉特对学前教育的热情。

卡罗琳·普拉特于 1914 年在纽约的格林尼治村与露西·米切尔（Lucy Sprague Mitchell）和哈丽雅特·约翰逊（Harriet Johnson）等一起创办了一所游戏学校（The Play School），也就是之后的城乡学校。之所以被命名为"游戏学校"，是因为卡罗琳·普拉特等人对游戏的推崇，他们认为儿童游戏的过程就是学习的过程，儿童通过在游戏中与周围环境相互作用而获取知识。学校刚成立时只招收了六名来自工人阶级家庭的 5 岁儿童，最初目的是为了使贫困儿童的生活更加丰富多彩一些，但很快演变成了针对所有儿童的创造性教育实验。尽管卡罗琳·普拉特致力于为工人阶级服务，但是他们却对以游戏作为核心的课程提出了质疑，反倒是后来学校所在的村落搬来了一些艺术家和作家，他们对游戏课程很支持，认为这样的课程有利于发展儿童的想象力和创造力。随着游戏学校规模的扩大，招收儿童的年龄范围也在扩展，跨度为从 3 岁到 13 岁。当年龄大的儿童反对用"游戏学校"这个名字时，它被改称为"城乡学校"。

卡罗琳·普拉特反对任何"程式化"的课程模式，她在反对福禄培尔课程的同时，也并不赞同致力于促进儿童良好行为习惯养成的行为课程，她指出这种专注于习惯养成的课程实质是以一种机械的方式塑造标准化的人。[①] 卡罗琳·普拉特反对把儿童看作产品，按预设的目标来对其进行塑造，她认为儿童应该被视为艺术家，教育应该关注个体的自我表达和展现，培养儿童创造力。卡罗琳·普拉特设计的课程是以游戏活动为核心，其关注点是儿童的动机和情绪而不是外显的行为。课程根本目标是激发儿童的创造潜能，尝试让儿童通过对外在客观事物的感知和内在潜能的展现去理解这个自己置身于其中的世界。卡罗琳·普拉特关心的是儿童是否愉快和满意而不是效率，因此她支持让儿童自由学习，但对自由的过分强调很容易使儿童变得放纵，也使课程毫无计划。这种强调情感释放的个人主义课程目标与那一时期的主张培养儿童适应未来社

---

① Robert H. Beck, *Progressive Education and American Progressivism： Caroline Pratt*, New York： Teachers College Press, 1958, p. 133.

会生活能力的实用主义课程目标形成了反差。

卡罗琳·普拉特提出："让儿童获取信息不能当作教育的最终目标，获取信息的过程才是最重要的。"① 她认为学校教育要做到的是通过了解儿童成长过程中表现出的兴趣和能力，为儿童创设能够满足其成长需要的环境，激发儿童活动，引导儿童扩展自己经验世界的范围，同时也要主动为儿童提供生活中有益的经历。卡罗琳·普拉特相信教育来源于生活，认为儿童再创造的灵感来源于自身生活经历带给他的敏感印记，因此其所创设的课程是以儿童丰富的亲身经历为基础的。首先，在组织游戏活动时，她会带领儿童参观拜访各种职业的人，目的就是让儿童在头脑中形成印象，之后指导他们进行戏剧扮演游戏来重构这些经历。儿童这种娱乐性的再创造不仅仅是对他人经历的简单模仿，而是一种个人化的诠释和自我表现。儿童对其所了解的各种形象进行重塑，实际上正是运用自己对这个世界有限的理解来处理自己的全部经验，将对事物的印象与自我展现融合在一起，这与艺术家的工作是极为相似的。其次，卡罗琳·普拉特试图将读、写、算等基本技能的学习与儿童日常生活紧密结合起来，并融合于儿童的游戏中。例如，在认识事物的游戏中或准备午餐的过程中，让儿童试着点数；在开商店的游戏活动中，培养儿童的简单计算能力；在邮局的游戏中，儿童学会简单的拼写；在游戏活动中为儿童提供了很多口头表达的机会，这为儿童日后的阅读铺平了道路。

卡罗琳·普拉特不支持制订过于详细的课程计划，因为这样做很容易使课程走向一种固定的模式。但是在教师的要求下，她还是对学前课程设置及具体内容做了宏观的规划，以便教师在教育实践中有一个可以参照的蓝本。卡罗琳·普拉特将活动方案分为四大类②：第一类是自由游戏活动，如积木搭建、戏剧表演游戏、艺术创造活动、"大型材料"的操作活动等；第二类是实践练习，如去商店买东西、简单烹饪、缝纫、照顾动植物；第三类是技能或技术活动（也称为特殊训练），是指向某种特定目的、获得特殊技术的练习，像感官训练、身体训练、数数、阅读、

① V. Celia Lascarides & Blythe F. Hinitz, *History of Early Childhood Education*, New York: Falmer Press, 2000, p. 298.

② Ibid., p. 299.

音乐技能等都属于这类活动；第四类是丰富经验的活动，包括科学探索、远足、讨论、阅读书籍和讲故事、利用各种途径寻找信息，让儿童接触到新知识。其中，前两类活动是课程的核心部分。粗略地来看这些课程内容，并不能发现其与杜威实验学校的课程有什么本质区别，但在课程实施过程之中，则显露出其更进一步走向"儿童中心主义"的倾向。

2. 玛格丽特·诺姆柏格的课程思想与实践

就在卡罗琳·普拉特设计新课程的同时，沃尔登学校的建立者玛格丽特·诺姆柏格也在努力探寻一种重视儿童创造性的自我表现，有助于儿童人格全面发展的课程。诺姆柏格于1890年5月出生于美国纽约，曾经在巴纳德学院艺术系获得学士学位，大学毕业后诺姆柏格去了英国伦敦经济学院继续深造，英国劳工问题引起了她的关注，并专门就此做过一些调查研究。之后，她又去意大利学习了蒙台梭利教育法。

她拒绝接受行为主义心理学，认为这种理论否认了人生命中的情感成分，而情感恰恰是行为的真正动力源，理智、情感与行为三者是一个不可分割的有机统一体。和在痛苦的状态下相比，在愉快的情绪中儿童的思维和行为都能更加敏捷，各种能力会得到更好的发挥。诺姆柏格课程设计的灵感来源于弗洛伊德理论，她曾经解释说："我开办沃尔登学校的目的就是将精神分析理论应用于正常儿童的教育之中，我非常支持将精神分析理论作为一种教育技术。我相信根据人类内心深处需要来创设的课程，能够使个体和现代学校中的群体都获得一种全新的发展方向。"[1]精神分析理论成了沃尔登学校课程的理论基础，诺姆柏格尝试着将弗洛伊德的心理学理论转化为一种教学方法，来化解儿童内心潜在的冲突，塑造健康和谐的个体。诺姆柏格课程的最终目标是：挖掘潜在能力，使情感得到释放，培养有创造力的儿童。

首先，诺姆柏格创设课程基本理念就是让儿童通过积极的自我展现和表达来释放潜能与无意识的情感。受弗洛伊德精神分析心理学影响，诺姆柏格把注意力放到最初级、最原始的情感上，她认为儿童受欲望和本能驱使，内心充满了理想与本能的冲突，为了使儿童健康和谐地成长，

---

① Weber, E., *The Kindergarten: Its Encounter with Education Thought in America*, New York: Teachers College Press, 1969, p. 157.

必须将其内心的欲望、情感以积极的方式释放出来。① 因为精神分析理论关注的是"深藏于人类内部的生理机制"，所以沃尔登学校课程关注"儿童生命中的无意识"。在沃尔登学校中，儿童的自我展现是教育中优先考虑的事情，儿童可以自由绘画，反映其真实的情感；儿童在戏剧游戏中自由表现和表达，建构自己的知识。在儿童毫无拘束、自由自在的展现和表达过程中，可以看到每一个儿童内心的真实世界。

其次，沃尔登学校课程关注儿童个体成长，重视个体独特人格的培养。在 20 世纪 20 年代，绝大部分幼儿园课程都在强调发展儿童的社会性，培养儿童的集体责任感，诺姆柏格认为包括杜威在内的一些进步主义教育家过于强调个体的生命或生活是为了种族或集体，这样做的最大危险就是会破坏个体的个性特征，最终导致整体社会文化的平庸。② 诺姆柏格并不像杜威那样寄希望于通过培养儿童的社会责任感来引发社会改革，她主张教育应关注儿童之间的个体差异，重视个体独特人格特征的培养。

再次，沃尔登学校课程注重培养儿童的创造力。诺姆柏格认为，创造的过程不能有任何的约束，更不应该制定课程大纲，课程目标是不断发展、生成的，而不是教师预设好的，教师所要做的就是对儿童的需要做出应答，引导儿童从事创造性的艺术活动。同时，受精神分析心理学中关于人格特征很大程度决定于童年早期经历这一观点的影响，沃尔登学校开始招收 2—3 岁的儿童。诺姆柏格认为如果在儿童非常小的时候就开始培养他们的创造性和独立性，那么等他们进入学校的时候，所有的人都会惊异于他们能够有创造性地、独立地进行工作。③

虽然精神分析理论为城乡学校和沃尔登学校的课程提供了理论来源，但在当时精神分析理论仅仅影响到了一小部分学前教育者。在学前教育领域里，杜威的实用主义哲学思想和行为主义心理学是如此的流行，以至于大部分学前教育工作者都没有对人类错综复杂的情感世界给予足够的关注。事实上，杜威本人并没有否认情感在学习中的意义，作为其教

① Margaret Naumberg, *The Child and the Word*, New York：Harcourt Brace, 1928, p. 46.

② Ibid. , p. 60.

③ Ibid. , p. 15.

育信条的一部分，杜威曾经这样写道："只要我们保持好的行为和思想习惯，至于真、善、美，则大部分由情感负责。"① 然而，当时的美国学前教育工作者在一定程度上曲解了杜威的教育思想。在那个时期，美国的学前课程离精神分析心理学还很遥远，就像在20世纪之初，学前教育者们曾经对行为主义心理学也是同样的陌生。在20世纪20年代的美国学前教育领域，尽管很少有人像卡罗琳·普拉特和玛格丽特·诺姆柏格那样关注儿童情感、个性特征以及创造力的培养，但是主情主义课程已经在学前教育这片土地上埋下了种子，并慢慢发芽。主情主义课程的根本出发点是想让儿童通过自由的自我展现来获得成长，可以说，城乡学校和沃尔登学校的课程更进一步地走向了儿童中心。

（二）异域来风：英国保育学校传入对美国学前课程的影响

虽然说在20世纪20年代英国保育学校正式被介绍到美国之前，美国的学前教育者已经对5岁以下儿童的教育进行了初步探索，但美国保育学校的建立还主要受英国影响。举例来说，"拉格街保育学校"（Ruggles Street Nursery）是由伊利奥特（Abigail Adam Eliot）于1922年创办，她在此之前曾经专门去英国的麦克米伦姐妹的保育学校学习，返回美国之后就立即为工人阶级的儿童开办了保育学校，并对麦氏姐妹保育学校的理论与实践进行了倡导与移植；同年，在怀特（Edna Noble White）的努力下，底特律的麦瑞尔·柏尔玛母亲学校（Merrill-Palmer School of Mother-hood）又创办了一所附属保育学校。该校的部分教员是从麦克米伦中心雇请来的，她们成了20世纪20年代美国保育学校运动的主要领导人。② 此外，曾经领导了美国进步主义幼儿园运动的哥伦比亚大学教授帕蒂·希尔这一次又积极投身于保育学校运动之中，作为哥伦比亚大学师范学院基础教育部的负责人，她邀请英国保育学校教师培训学校的校长格雷斯·欧文（Grace Owen）来美国讲学，并请欧文在师范学院的附属实验学校做了关于保育学校教育活动的示范演示。

---

① Weber, E., *The Kindergarten: Its Encounter with Education Thought in America*, New York: Teachers College Press, 1969, p. 160.

② 周采、杨汉麟：《外国学前教育史》，北京师范大学出版社1999年版，第235页。

1. 蓬勃发展中的保育学校课程

（1）英国保育学校的课程特色

与 19 世纪二三十年代的幼儿学校运动和 19 世纪 60 年代的福禄培尔幼儿园运动一样，美国的保育学校运动也是从欧洲起源的。第一所保育学校是由英国的玛格丽特·麦克米伦（Margaret McMillan）在其姐姐雷切尔·麦克米伦（Rachel McMillan）的帮助下在伦敦开办的。当时的英国工业飞速发展，大量农业者从农村流入城市，城市人口急剧膨胀。城市之中处于社会底层的人们生活状况极端恶劣，5 岁以下的贫困儿童处于无人看管的境地，疾病流行，多数儿童处于营养不良状态。面对这种情况，热心于教育事业的麦克米伦姐妹痛心疾首，她们怀着深厚的人道主义精神，于 1908 年在博乌（Bow）创办了一所实验诊疗所，两年后迁到伦敦的贫民窟代特福德（Deptford），并改名为代特福德学校治疗中心（Deptford School Clinic）。

麦克米伦姐妹认为要想使教育目标得以实现，首先要保证儿童的身体健康，她们认为人的生命有机体是一个统一体，各种情感的发展都取决于身体健康和免于疾病及饥饿。[①] 因此，保育学校的首要目标是身体健康，要为儿童提供健康环境和精心照料，注意个人习惯的培养，尽早进行疾病的诊断和预防。但这与慈善机构单纯的保育活动是有所不同的，在麦克米伦姐妹的保育学校之中，保育是教育的一部分，是为教育服务的。保育学校的另一个重要目标是保证儿童精神健康，不仅仅对儿童进行家庭式的照顾，而且需要营造一种充满爱的氛围，为儿童提供情感表达的机会。

英国保育学校运动的领导人大多受精神分析理论的影响，其中一位领导者曾这样写道："通过了解弗洛伊德以及其他精神分析心理学家的研究结果，我们才刚刚意识到，对欲望和本能的压抑束缚是多么危险。精神被压迫而产生的动力，将成为灾难的来源。"[②] 在精神分析理论的影响下，保育学校强调为儿童创设自由而宽松的课堂环境，但这并不意味着

① 吴明海：《欧洲新教育运动的历史研究》，教育科学出版社 2008 年版，第 73 页。

② Grace Owen（ed.），*Nursery School Education*，New York：Teachers College Press，1958，p. 133.

教师对儿童毫无指导，而是尽量减少对儿童的限制和束缚，增加其自由活动和自我表现的机会。英国保育学校的课程体系中，艺术活动和自由游戏是两个非常重要的组成部分。

根据精神分析理论，情绪是引起行为的动力源，通过儿童自由创作的艺术作品可以了解其内心的真实情感，而且艺术活动可以陶冶人的情感和培养创造力，所以音乐、绘画以及手工制作等都是儿童进行自由创作的途径与方式。保育学校并未制订严格的艺术课程计划，要求教师按步骤实施，而是十分注重环境的创设。例如，麦克米伦姐妹保育学校的教室里面和走廊里都挂有为儿童们所欣赏的绘画；在教室周围以及庭院之外悬挂黑板，儿童们可以随意涂鸦；学校里还备有许多适合儿童的乐器，幼儿可以开展多种形式的音乐活动。[①]

游戏也被认为是儿童情感的主要揭示者，通过儿童自由游戏可以知道家庭生活给他带来了什么影响，可以推断出儿童的早期生活是丰富多彩的还是贫瘠苍白的。要尽可能为儿童提供自由游戏的机会，让他们来再现其真实经历，在观察过程中，教师可以知道家庭生活给儿童带来了什么影响。在保育学校的各种活动中，玛格丽特·麦克米伦最为推崇的就是游戏，认为游戏能够促进儿童情感的健康发展。

总之，麦克米伦保育学校的课程创设遵循的根本要义是通过有目的、有计划地布置环境，并让儿童自然、自由地置身其中，激发儿童进行游戏和艺术活动的欲望，使儿童的情感与潜能得到释放。

（2）美国保育学校的课程设置

受英国保育学校的影响与启发，作为儿童从家庭走向社会的第一阶梯，美国保育学校课程的突出特色就是通过有目的、有计划地创设环境，激发儿童自由活动和创作表达的欲望，进而促进儿童人格健康的发展。保育学校课程设计遵循的三条基本原则是：根据儿童即时需要做出课程计划；以游戏的方式来组织课程；创造富有刺激性和挑战性的环境。

美国保育学校成立之初的目的是帮助儿童实现潜能，了解儿童的发展规律。随着保育学校运动的深入发展，逐渐演化出三种类型：第一种是以赢利为目的的私立教育机构；第二种是由个人或慈善团体捐助开办

_____

① 吴明海：《欧洲新教育运动的历史研究》，教育科学出版社2008年版，第75页。

的慈善性质的教育机构；第三种则是附属于各大学的带有研究性质的专门招收中产阶级白人儿童的教育机构。其中，研究性质的保育学校最流行、影响最广泛。例如，成立于 1924 年的爱荷华州立大学（Iowa State College）的附属保育学校就是当时美国比较著名的保育学校代表。这所保育学校明确提出的课程目标是：①

> 帮助儿童形成正确的生活习惯，如规律的饮食、作息、卫生清洁等；在成人监督下，通过与其他儿童相互作用，分享游戏材料和玩具而建立起良好的社会化关系；拥有个体自主的权利；在轮流等候的过程中学会自我控制；帮助他人。

从上述课程目标中，可以看出对儿童社会性和个性发展的强调。事实上，当时美国在最大范围内被公众所理解和接受的学前教育目标就是"增强儿童的社会性调节能力，保证个体人格健康发展"，这充分反映了精神分析理论的观点对学前课程的影响。

保育学校的课程实施主要是通过创设一种特殊环境，让儿童自由游戏活动和随心所欲地艺术创作。爱荷华州立大学附属保育学校开办于校园里的一座三层小楼之中，第一层是厨房、厕所、盥洗室和三间办公室；游戏室在第二层；第三层主要用来让儿童休息或者在雨天玩耍。与此同时，还专门在室外为儿童开辟了进行户外活动的游戏空间，这里有攀爬架、大帐篷、秋千、沙盒、花园、饲养动物的小房子、树（其中一些允许儿童攀爬）和大片的绿地。

爱荷华州立大学附属保育学校具体的课程时间表如下②：

> 保育学校开放时间：上午 8 点 45 分到下午 3 点 30 分
>
> 8 点 45 分—9 点 儿童到校，脱去外衣
>
> 9 点—9 点 10 分 基本活动：拂去灰尘，折叠餐巾，照顾小动物

---

① V. Celia Lascarides & Blythe F. Hinitz, *History of Early Childhood Education*, New York: Falmer Press, 2000, p. 314.

② Ibid., p. 631.

9点10分—9点40分　非常自由地活动。搭积木，用蜡笔画画，
　　　　　　　　　　做标记，钉木板，玩木珠，剪纸，写，
　　　　　　　　　　绘画，涂颜料，等等

9点40分—10点　自由的律动，戏剧扮演，手指游戏

10点—10点15分　上厕所和洗手

10点15分—10点30分　茶点时间，吃水果和喝水

10点30分—10点40分　休息时间

10点40分—11点40分　户外游戏

11点40分—12点　故事时间

12点—12点45分　午餐（午餐时间也是为儿童提供的一个学
　　　　　　　　习情境，儿童在进餐的过程中可以相互交
　　　　　　　　流，并为彼此提供帮助。）

12点45分—下午1点　厕所

下午1点—2点45分　休息

下午2点45分—3点30分　穿鞋，去厕所，回家

仔细观察上面的课程时间表，不难发现，除了花费于日常生活起居的时间之外，保育学校基本上是让儿童自由地活动，如自由绘画、剪纸、涂颜料、戏剧扮演、律动以及自由户外游戏等。与英国麦克米伦姐妹的学校一样，自由的游戏活动和随意的艺术创作也成了美国保育学校课程的核心组成部分。尽管重视游戏和艺术活动是美国学前课程的一贯传统，但在这一时期，它们被置于尤其重要的地位，而且被赋予了新的意义。

受劳伦斯·弗兰克和丹尼尔·普雷斯科特等精神分析学派人士的影响，在保育学校工作者眼里，游戏不再像杜威所解释的那样，是儿童进行经验重构的一种方式，而被认为是根植于儿童内心深处的情感表现，是儿童对挫折的一种心理发泄，对儿童来说有着难以估量的治疗价值。在戏剧扮演游戏中，儿童可以用手去拍打玩具娃娃、像小狗一样行动、带着极大的热情去袭击储藏室等，用一种在正常交往中不可能的方式来释放自己的感情；至于艺术活动，主情主义课程的支持者们认为儿童的艺术创作的过程是其释放情感和表现自我的一种非常重要渠道。在学前教育领域中，对艺术活动的强调并不是新鲜事，绘画、音乐以及手工活

动等一直都是学前课程的组成部分。但在实用主义学前课程之中，这些活动是建立在杜威关于艺术的看法或儿童发展理论的基础上的，如玛格丽特·马赛厄斯（Margaret Mathias）就是以杜威的理论作为支撑来设计学前艺术课程，她曾经这样描述儿童艺术课程的计划：第一阶段是操作阶段，为儿童提供大量机会来熟悉操作材料；第二阶段是象征主义阶段，儿童开始能够表达和展现自己的思想，但这种表达并不能够被他人所理解，儿童的作品仅仅是对自己有意义的象征符号；第三阶段是现实主义阶段，儿童开始描绘真实、客观、具体的事物，这时将涉及传授儿童艺术创作的技能与技巧等问题。[①] 在受精神分析心理学影响的主情主义者看来，完全用理性的思维看待儿童的艺术活动是不可取的，因为他们没有考虑到儿童自身内部的驱动力，儿童的极大热情和表现欲都被遗漏了。

关于保育学校课程的具体内容和实施过程，在这里以另一所保育学校详细的课程计划为例。

保育学校课程设置[②]

小班

清晨

在室内或户外游戏区的自我选择活动：

因为每一位儿童都可以自由选择其四周的游戏材料，所以会很自然地积极投入游戏之中。

轮子玩具、木板、盒子等可以促使儿童进行大肌肉活动。

摇摆木马、秋千、弹跳板使儿童进行有节奏的运动，并进行歌唱与之相伴随。

沙子、积木和运输玩具可以激发儿童动手操作活动和建构活动。

---

① Margaret Mathias, *The Beginnings of Art in the Public Schools*, New York：C. Scribner's Sons, 1924, p. 67.

② Helen M. Christianson, et al. (ed.), *The Nursery School：Adverture in Living and Learing*, Boston：Houghton Mifflin Company Press, 1961, p. 15.

家具和厨房用具可以诱导儿童进行想象游戏。

非结构性材料——黏土、颜料等有利于儿童进行感官练习与探索。

其他儿童也是作为环境一部分而存在，每一个儿童都可以随时寻找同伴一起游戏。

大部分的游戏时间都是在户外的游戏区里进行，在那里拥有足够的空间和材料来引发儿童的自由游戏。教师可以适时对儿童进行友好的指导或者与儿童一起分享愉快的经历，如一起喂养小乌龟，看图画书或者摆放从家里带来的鲜花。教师需要对儿童的身体和情感状态保持敏感性。

上午的中间时段

上午茶点和休息：

在小餐桌上摆放牛奶或者麦片粥，如果不是天气恶劣，上午茶可以在户外进行。一半的儿童可以先去室内的小床上休息，另一半的儿童来吃茶点。在休息时间，要避免对儿童的社会性刺激，使他们放松。对于大一点儿的儿童来说，在返回户外进行活动之前，还有第二次休息时段。在室内或者在露台上，儿童独自或者形成一个小群体来阅读图画书、欣赏音乐等。教师要关注儿童个体是否有去厕所的需要。

上午晚些时候

继续进行自我选择活动：

一些儿童在吃完上午茶点和休息过后，可能继续进行自己原来的游戏活动；另一些则可以进行一些新的选择，因为 2 岁左右儿童的探索并不集中，而是十分的广泛。

提供铃铛、拨浪鼓等玩具给儿童。自发的身体节奏活动（律动）被鼓励。有时教师可以一边唱一边弹琴伴奏。

如果之前环境中并没有黏土和颜料的话，应该在这时提供给儿童。

偶尔一些儿童与教师一起散步，跨过小河谷或一座小桥，去采集红杉树下面的野果。

提供机会让儿童在水中嬉戏、种植、喂养小动物等。

教师需要记录下儿童对周围各种事物的反应、与同伴之间的游戏和基本健康活动（去厕所、进餐和休息）。教师的记录有利于改进之后的环境创设，也有利于教师对儿童个体或群体进行适宜的指导。

整理游戏材料和离开保育学校：

放学之前，每位儿童都需要整理自己上午在保育学校中使用过的游戏材料。

教师需要和个别儿童的家长一起讨论其在学校中出现的某些特殊情况。偶尔安排家长会或者教师去儿童家里做家访。

中班、大班

清晨

在室内或户外的游戏区里进行自我选择的活动：

室内的游戏区里有空心积木、地板积木、家具设备、卡车、火车、飞机、游戏拼图、图书、乐器材料等。

空心积木用来搭建房子、长火车、飞机、轮船等。用地板积木为玩具动物修建养殖场、为火车修建铁轨、为卡车修建仓库等。

儿童可以进行各种戏剧表演游戏：扮演火车司机或者做厨房游戏等。

儿童尝试探索各种乐器设备，铃铛、音乐积木等会发出不同的声音，儿童自发进行律动表达自己的情感。

儿童个体可以选择架上绘画、手指画、肥皂绘画或者在地板上做墙壁画。

户外的装备有攀爬架和滑梯、家庭生活中用的工具、供儿童玩耍的沙箱和进行沙和水游戏的替代材料、摇船、颜料、黏土和宠物。

用铁铲、自动倾卸卡车、玩具滚轴在沙子上修路和建桥。

儿童在攀爬架上攀爬。

儿童在花园里挖土或者种花。

通过架上画或手指画来探索颜色。

用积木来搭建各种建筑物。

用黏土塑造模型。

水上游戏包括在水中放小船、通过漏斗或管道来倾倒水、吹泡泡、给娃娃洗澡等。

饲养宠物，修建一个小的宠物养殖场。

上午的中间时段

上午茶点和休息时间、继续游戏活动：

上午茶点和休息时间为儿童提供了一次改变运动节奏和活动的机会。儿童需要将手洗干净和老师一起坐在小餐桌前共同进餐。准备的食物通常有果汁、牛奶和薄脆饼干、小甜点、新鲜的水果和蔬菜。这是一个十分放松的社会交往情境，儿童之间自由地交谈。午餐过后，一半的儿童在室内的小床上休息，另一半儿童则继续他们在户外的活动，之后他们再进行休息。也可以让儿童拥有一段安静的时光，让他们欣赏音乐或故事来代替室内休息。如果在雨天，所有的儿童需要同时休息，则可以让一部分儿童在室内的一个角落进行泥塑、绘画或操作材料，另一部分儿童在小床上休息或者安静地看书、欣赏音乐。

经过一段安静的时间，儿童继续他们旧的或者新的兴趣。一部分在室内继续他们的戏剧扮演游戏。教师和几个儿童可以在学校附近散步。其他儿童可以参加户外的有打击乐器组伴奏的节律性活动。随后，部分儿童负责整理游戏区，像沙箱、娃娃家等，这培养儿童集体责任感，使其爱护游戏材料。

上午晚些时候

将儿童分成小组，他们去盥洗室洗手、洗脸，之后返回游戏室。他们在这里利用各种各样的操作材料进行游戏，看图画书，参加歌唱或故事小组。在 11 点 40 分左右，儿童再一次坐到小餐桌前吃自助餐，并相互交流。当儿童吃过饭之后，他们去户外自由玩耍或者在室内看书、做拼图游戏等，一直持续到父母接他们回家。

从以上所描述的保育学校课程案例之中，可以很明显地看出操作材料是作为课程内容和课程媒介的双重身份而存在的。美国保育学校十分重视操作材料的选择，其秉承的理念就是通过为儿童提供各种材料，创设一个富有吸引力的环境，引发儿童的自由活动。无论是小班还是中、大班，教师并没有预先制订活动方案，而是有计划、有目地为儿童提供各种操作材料和玩具，来激发儿童的游戏兴趣。在这里并不期望教师向儿童传授大量的知识，只需要为儿童提供各种经历，让其通过亲自操作和体验来获取信息。

儿童在保育学校之中被赋予了极大自由，在整个课程实施的过程中，"活动性"被凸显出来，每一个环节的安排都是让儿童自由进行活动，并且完全由儿童自己作为活动的主导者，教师的指导进一步被弱化。甚至可以说，课程实施的过程就是儿童自由游戏的过程。但这并不意味着教师是无足轻重的，相反的是，教师是最为重要的人物，因为正是教师创造了引发儿童活动的物理环境和心理环境。除此之外，教师还肩负着对儿童的各种表现进行观察记录的责任。

教师对儿童在活动中的所表现出来的需要、兴趣以及一些有意义的活动片段做下记录，根据这些信息来做出之后的课程计划。当然，这种课程计划仍然是完全以儿童为中心，教师会分析所记录下来的儿童表现，进一步来改变环境的布局以及调整操作材料的投放等，更加有针对性地对儿童活动进行引导。下面是一张教师观察记录表（见表2—1）。

表 2—1　　　　　　　　　　行动中的课程

一、预先计划

教师：　　　　　　　　　　班级：

参加者：　　　　　　　　　日期：

保育学校课程来源于儿童的需要与兴趣，每日安排的课程都是为了促进儿童的成长。

儿童的需要　　　　　　　　各种尝试、探索和表达的机会

1. 使儿童有感官经验和满足感：

a. 结构性和非结构性的操作材料

b. 音乐、故事、图画书

2. 在对周围自然环境和物理环境的

理解中快乐成长

3. 在人际交往过程中不断探索，

不断增长满足感

二、个体和集体的活动

记录者：　　　　　　　　　班级：

教师：　　　　　　　　　　日期：

观察儿童们的一日活动（记录下儿童的需要和兴趣以及最精彩的一些活动环节，以便为未来的活动做计划）

资料来源：Helen M. Christianson, et al. （ed.）, *The Nursery School: Adverture in Living and Learing*, Boston: Houghton Mifflin Company Press, 1961, p. 78.

　　保育学校的课程是完全围绕着操作材料（尤为重要的是沙子、黏土、颜料、水、积木等非结构性材料）来进行组织的。教师会通过观察记录发现儿童的兴趣与需要，据此设想出与上述非结构性操作材料相关的各种游戏活动，并为儿童提供相关的辅助材料。下面以积木搭建游戏为例（见表2—2）。

表2—2　　　　　　　　　　有关积木的游戏活动

活动	补充材料
探索和操作各种各样的小积木	提供盒子、篮子、卡车、木制火车、带有敞开式车厢的小汽车，用它们来围积、装载、运输、倾卸积木
用地板块或空心砖式积木堆积搭建很高的建筑（高楼），或很长很矮的建筑（跑道、轨道、火车）	在这样的活动中，没有其他更为重要辅助材料需要提供；只是积木需要准备各种大小的，以保证搭建物的平衡和比例和谐
利用空心砖搭建宠物围栏（儿童们与教师形成一个合作小组）	观赏宠物（兔子、乌龟、小鸡等）、储存水和食物的容器
利用地板块积木进行建构：房子、仓库、公寓、火车站、小桥、飞机场、农场、高速路等	将合适的玩具放在开放的架子上，来激发儿童的想象力，使他们愿意进行戏剧扮演游戏：卡车、火车、小汽车、飞机、轮船、各种职业的小玩偶人（售货者、农民、商人）、树、农场动物
利用空心砖积木搭建一些围墙，在里面做游戏（娃娃家游戏，在围墙里面的空间做饭、吃、睡）	为儿童提供一些小家具，盘子、玩具食物、玩偶、小床、被子、电话、各种角色的服装

　　资料来源：Helen M. Christianson, et al. （ed.）, *The Nursery School: adventure in living and learing*, Boston: Houghton Mifflin Company Press, 1961, p. 98.

　　总而言之，保育学校课程并没有统一固定的模式，课程的组织结构较为松散，为儿童留下了极大的自主活动空间，丰富的游戏材料能够满足不同儿童个体的需要，儿童的情感、潜能以及欲望在自由的游戏活动和艺术创造活动中得到了合理释放。

　　2. 处于夹缝之中的幼儿园课程

　　学前教育理论研究者们继续把他们的目光投向对儿童自然本性的关

注，但来自外部社会的压力正在重塑幼儿园课程。一个特殊的矛盾冲突打破了幼儿园课程的原有状态：一方面的压力来自于传统学校教育对学业技能发展的强调和对知识的关注；另一方面的压力来自保育学校对儿童人格和情感健康发展的重视。保育学校的教育者站在一端，初级学校的教师和领导者站在另一端，他们之间并没有针对课程安排设置等问题进行有效的交流与沟通，幼儿园被挤在了完全不同的两套教育价值体系中间，它既赞同保育学校课程对儿童一生发展所起到的重要奠基作用，同时又惊羡儿童在初级学校中所取得的学业成就。当时的美国幼儿园课程同时受保育学校和小学一年级的影响，呈现出一种独特的双面性。

（1）"顺流而下"：即时生成性课程的流行

幼儿园的领导者们对儿童研究成果的依赖在 20 世纪 30 年代达到了顶点，对儿童发展的理解成为了设计课程的决定性因素。在新精神分析心理学理论和成熟论等儿童发展理论的影响下，幼儿园课程从理论到实践都在悄悄地发生着改变，但这次变革并不是一次彻底的革新，而是在原有课程基础上所做的渐进主义修整。在保育学校课程的影响下，同时受儿童心理学家劳伦斯·弗兰克和丹尼尔·普雷斯科特的鼓励，美国的幼儿园工作者也越来越注重课堂中的情感氛围，并开始相信精神分析心理学所提出的儿童受压抑与束缚可能会出现病态人格这一说法。人们改变了从前对儿童情感忽视的状态，认识到情感与解决问题以及知识学习之间的密切关系。此外，受格塞尔成熟论的影响，学前教育者们主张课程设计一定要符合儿童的身心发展阶段特点，要满足其现有的发展阶段并为其随后的发展做准备。

在上述儿童发展观的作用下，20 世纪初期流行的行为课程和社会化课程逐渐被修整和改变。这一时期的学前教育工作者们开始认为，学前儿童良好行为习惯的养成不应该依靠僵化刻板的训练，而是有赖于其逐渐增长的自我管理能力。教师的任务不应该仅仅是对儿童的社会性行为进行引导，同时还要关注儿童的情感，这样才能有助于儿童处理好内部动力和外部压力之间的关系，从而实现人格的健康发展。另外，此前流行的各种主题式社会化课程被放弃，人们开始认为主题式课程对于幼儿来说过于结构化，因为它需要预先做好具体计划，确定活动主题并对活动时间做清楚的规划安排，而且这类课程往往高度看重季节、节日以及人们在日常生活中所扮演的各种职业角色，经常将这些作为主题内容，容易形成一种僵化固定的模式，不一定能满足儿童的需要与兴趣。针对这些问题，一些人开始建议用"兴趣课程""需要课程"等来取代行为课程和社会化课程。当然"兴趣课程""需要课程"并不是一种全新的事物，它们是对 20 世纪初期出现的生成性"儿童中心课程"的继承，也是对当前保育学校课程的一种模仿。

"兴趣课程"与保育学校课程十分类似，是高度依赖操作材料来组织的。儿童研究的结果认为儿童的世界是由"此时此刻"所组成，儿童的学习应该发生于随时随地，兴趣来自周围环境的刺激。这意味着"兴趣课程"应该是即时生成的，而且这种"兴趣"必须真正地来源于儿童自身，教师可以尽可能地去激发儿童的兴趣，但绝对不能强迫儿童。"如果兴趣来源于教师头脑之中，而不是来自于儿童，那么教师必须放弃这个计划，重新去寻找儿童的兴趣"，[①] 儿童的兴趣应该在其与周围环境互动的过程中被教师发现。在这种课程理念的指导下，幼儿园必须首先为儿童提供数量众多、种类丰富的刺激材料，如积木、进行艺术活动的材料、图书、各种工具等，这样才能更好地唤起儿童自由探索的欲望，从而有助于教师发现儿童的兴趣。但与保育学校课程有所不同，"兴趣课程"并不是完全任由儿童自由游戏，教师会根据儿童随时表现出的兴趣而组织相关的教学活动。但这种教学活动是非常灵活的，在主题选择、时间长短、儿童数量等方面都没有明确的限制，完全由教师随机决定。

当时幼儿园课程流行的另一种趋势是以儿童身心发展需要作为课程设计的基础，创设出所谓的"需要课程"。"需要课程"的根本目标是保护所有儿童的潜能，满足他们成长过程中身体和精神上的需要。"需要课程"的出现反映了当时学前教育界人士对有关儿童发展研究的信赖，他们试图将儿童发展的规律与特点作为课程设计的决定因素。于是，关于儿童发展的各个方面，如儿童身体器官发育与动作发展、语言能力、游戏兴趣甚至一些社会性品质等都用客观的标准加以衡量，并将得出的数

---

① Wills, Clarice D., William H. Stegeman, *Living in the Kindergarten*, Chicago：Follett, 1950, p. 217.

据应用到幼儿园教育实践之中。但理论研究者们并没有详细论述教师在实践中应该怎样根据儿童的需求来设计课程，他们相信教师有能力根据儿童的需要为其选择活动的主题与内容。针对这一主张，有人开始质疑"需要课程"并不科学，认为它仅仅是教师凭借自己的直觉与想象设计出的课程。然而，在事实上"需要课程"所面临的却是另一种问题，那就是教师为儿童选择教育经验和活动主题时往往是根据儿童研究得出的客观数据所揭示的儿童发展需要，这其实是成人眼中的"儿童需要"，并不一定就是儿童真正的需要；而且标准化的儿童发展特点过于强调普遍性、共性，抹杀了不同儿童个体之间的差异性，因此对客观数据的倚重，很容易忽视个体的需要，使课程陷入僵化的模式之中。

尽管如此，"需要课程"还是渐渐流行了起来，教师们根据对儿童进行研究得出的数据来确定哪些因素能够促进儿童身体、思维、社会性、情感等各方面的发展，在此基础上勾画出课程设计应遵循的基本原则：首先，要保护儿童，避免疲劳；其次，保证儿童能够进行大肌肉游戏；最后，激发儿童自由游戏的愿望，鼓励他们彼此之间的社会性交往。总之，"需要课程"对儿童身体、情感以及社会性等方面给予了足够的重视，但却没有直接涉及智力方面的目标与内容。

（2）"逆风而行"：关于学业准备课程的论争

就在幼儿园课程受保育学校影响，越来越重视儿童情感和社会性发展的同时，教育行政管理者们也一直在努力促进幼儿园与小学低年级课程的衔接。随着幼儿园被并入公立学校系统，幼儿园与初级学校从外在形式上融为一体。到了 1930 年，国际幼儿园联盟和全国初级教育委员会合并为早期教育协会（Association for childhood Education）。早期教育协会的领导者们认为 2—8 岁的儿童有着相同的身心发展特点与需求，他们希望能促成保育学校、幼儿园和小学一年级课程的协调一致。在那个时代，幼儿园并没有试图填补保育学校与初级学校之间的鸿沟，而是越来越支持儿童发展的观点，课程设置与保育学校极其类似。当时，学前教育领域出现了一个全新的术语"Preschool"，人们常常用这个词来表示 2—6 岁儿童所接受的公共教育，保育学校和幼儿园的界限越来越模糊了，差异逐渐缩小，学前教育研究者们开始以整个学前期为单位来考虑课程的设计。

　　然而，教育行政管理者既不理解也不接受学前教育者的课程理念，要求他们必须对现有的幼儿园课程做出调整，与初级学校的课程有所衔接。他们认为幼儿园作为公立教育系统的一部分，幼儿园课程理所应当地要为儿童升入小学一年级做准备，而且应该有一个明确的教育目标。当时有很大一部分公众也认为幼儿园的教育目标很模糊，教育结果也模糊不清，根本看不到幼儿园存在的价值。这甚至成了美国20世纪30年代进步主义幼儿园运动走向衰落的原因之一。

　　尽管在20世纪初，美国进步主义教育运动的繁荣昌盛时期，初级学校曾经对学前教育工作者所珍视的教育应与现实相联系、为儿童未来发展奠基这一价值取向做出过回应，小学一年级课程因受到幼儿园课程的影响而发生较大的变化。但在本质上，初级学校与幼儿园的教育理念还是存在着一定的差异。尤其在进步主义运动衰落之后，中小学教育开始重新重视儿童的学业成就，二者之间距离又一次被拉开。就在美国被1929年经济危机带来的大萧条所困扰之际，西方资本主义世界于1937年又一次爆发了新的经济危机，祸不单行的是，法西斯主义的势力壮大了起来，这对美国的生存与发展带来了极大的威胁。面对着强大的经济危机和政治威胁，进步主义教育显得非常软弱无力。针对这种情况，要素主义教育者对其展开了一系列的批评，认为其是华而不实的，过多关注儿童兴趣与需要，而忽视了基本知识和技能。要素主义者反对极端的儿童中心主义，认为教育要以知识和训练为中心，并强调教师在教育过程中的主导地位。伴随着要素主义者的呼声，在当时的中小学课程实践之中也确实呈现出了一种向传统回归的倾向。总之，那个时期美国的基础教育又一次开始强调学生对知识的掌握。

　　在以上因素的作用下，"为将来的学业做准备"这一观点逐渐在美国学前教育领域，尤其是幼儿园的领导者层面上流行起来，并成为关于幼儿园课程讨论中的热点议题。迫于与初级学校课程保持一致的压力，一些幼儿园中开设了阅读方面的课程，培养儿童读写能力。威廉·格蕾（William S. Gray）是阅读教学方面的权威人士，他一直坚持认为在为阅读做准备方面，幼儿园肩负着重要的责任。他建议"幼儿教师应把培养儿童好的阅读态度和习惯作为课程目标，从而为入小学后的阅读打下良好基础"。① 这种主张一经提出，就得到了教育行政官员的赞同与支持，因为它深层的意思就是说幼儿园教育的主要任务应该是帮助儿童适应学校生活，这完全符合了管理者们的意图。很快，"阅读准备"作为一个专业术语被广泛传播和讨论，不同的人对其持有不同的看法。

处于领导阶层的幼儿园管理者认为，要将"做准备"而不是"促发展"作为幼儿园的主要作用和功能。他们主张"阅读准备"的过程应该是对与阅读有关的技能进行训练的过程，如训练儿童辨别图形的相同与相异能力、在阅读书籍的时候分辨上下左右能力、分辨不同字母或单词发音的能力，等等，而且将小学一年级使用的练习册引入到幼儿园教学活动中，并让儿童做有关阅读和书写的练习。② 在此，所谓的"阅读准备"属于"学业技能准备"。

然而，学前教育理论研究者们还是更愿意从发展心理学视角来看教育问题，他们实际上是支持课程应该以儿童身心健康发展为本位的，重视儿童社会性与情感的发展，希望儿童过上完满、幸福的生活，而反对不顾儿童身心发展特点，过于强调为儿童的学业做准备的幼儿园课程。学前教育领域的专业人士主张将幼儿园的"阅读准备"视为广义的"经验性准备"。桑代克曾经首创性地将"准备律"这一名词引入教育心理学中，学校教育者们将"阅读准备"与之相联系，认为"准备"一词在此意味着一种经验性的条件反射，即对某一种特殊活动在情感、思维等方面做有效的预先安排。与此同时，根据格塞尔的观点，在任何技能的获得中，功能的发展都先于结构的发展。格塞尔的成熟理论认为阅读的学习是有最佳时期的，在这个阅读关键期到来之前尝试教给儿童阅读是多余的。为了防止过早对儿童进行阅读指导，格塞尔专门做了与之相关的研究。他认为只有心智年龄达到 6 岁半的儿童，才能从系统的阅读指导中获益。③ 这意味着教育必须尊重和顺从儿童身心的自然准备情况，绝不

---

① William S. Gray, "Training and Experiences That Prepare for Reading", *Childhood Education*, Ⅲ, January, 1927, p. 213.

② Marion Monroe, *Growing into Reading*: *How Readiness for Reading Develops at Home and at School*, Chicago: Scott, Foresman and Company, 1951, p. 224.

③ Arnold Gesell, "Maturation and the Patterning of Behavior", in Carl Murchison (ed.), *A Handbook of Child Psychology*, Worcester, Mass, Clark University Press, 1933, p. 210.

能"揠苗助长"。学前教育者们认为幼儿园"阅读准备"的目标应该是激发儿童阅读的兴趣和动机，而不是教儿童识字或培养他们的阅读技能。

在以上理念的推动下，学前教育工作者们试图对现有的幼儿园课程在阅读准备中所起到的作用做出合理的解释，以维护课程现状，避免幼儿园教育出现严重的学业化倾向。他们认为很多活动都可以为将来的学业提供经验性准备，如幼儿园课程体系中所包含的远足、戏剧表演、建构活动、游戏等都可以为儿童提供丰富的第一手经验，而对各种各样的事物有着具体经验的儿童远比那些缺乏经验的儿童更容易走进文字符号的世界。但这种解释似乎有一种"泛准备论"的倾向，即儿童做的所有事情都对学业学习有所帮助，幼儿园所有的课程内容都在某种程度上为阅读做准备。

综上所述，在 20 世纪四五十年代的美国，针对幼儿园课程是否应该为儿童正式入学做准备这一问题，存在着两种强势的观点：一种观点认为幼儿园课程体系中或多或少要包含一部分为儿童学业发展做准备的内容，主张专门增设"阅读指导课"，这可以为幼儿园课程内容增加一些"智力"的因素。否则幼儿园教育对儿童来说没有什么意义，当时的幼儿园课程特征可以概括为一个字，那就是"玩"，不能体现幼儿园作为公立教育机构的教育作用；另一种观点则认为，不应该完全将幼儿园视为初级学校的预备场所，这与儿童身心发展需求是相违背的，对"入学准备"的过分强调，实际上是否认了儿童完整而丰富的生命本身。为学业做准备的技能训练课不仅仅剥夺了儿童探索的权利、创造的权利，而且限制了儿童思想的延伸，掠夺了儿童快乐的童年。在实践中也是同样的状况，一些教师坚决支持儿童发展理论，赞同学前教育专业人士的"经验准备说"——儿童在幼儿园中所获得的各种活动经验能够为儿童以后的学业做准备。他们希望保持课程现状，不愿意将一年级的学习任务下放到幼儿园中来；但另一些人则在外部的种种压力之下，认为幼儿园课程应该与一年级的课程有所衔接，为学业学习做准备。在那个时代，每一位儿童入学前都要接受能力水平的测试，主要考察的就是观察力、记忆力、图形辨别能力和眼部肌肉的控制能力等与阅读准备相关的内容，[①] 这种测

---

① Marion Monroe, *Growing into Reading: How Readiness for Reading Develops at Home and at School*, Chicago: Scott, Foresman and Company, 1951, p. 24.

试给幼儿园课程带来了不小的影响与冲击，教师们不得不开展专门的阅读技能训练课，以保证儿童在入学测试中有良好的表现。

总之，20 世纪 30 年代到 60 年代，精神分析心理学理论和成熟势力说一起改变了学前课程。促进儿童社会性和情感的发展成为那个时代学前课程的主要目标；自由游戏活动和艺术创造活动构成了保育学校课程体系的核心组成部分，它们被视为儿童情感宣泄和表现欲释放的最佳途径；"兴趣课程""需要课程"等即时生成性课程在幼儿园里流行起来，课堂中的权威模式得到了彻底的颠覆，教师开始为儿童提供大量自由表达和展现的机会。在一些幼儿园之中，甚至对儿童给予了极度的纵容与放任，这样做的目的是增强儿童的自我存在感，使儿童的潜能得到充分发挥，情感和欲望得到释放。但无论是保育学校课程，还是幼儿园的即时生成性课程，它们的共同点就是通过为儿童创设一种环境，使置身于其中的儿童感到自己是满足的、被欣赏的、受尊敬的、安全的，让他们凭自己的兴趣主动探索、自由活动，从而保证儿童不会因为被否定、被强迫、被束缚而出现情感问题，最终实现人格的健康发展。而在 20 世纪四五十年代出现的为入学做准备的"阅读指导课"可以被视为在主情主义课程大行其道的时代中的一股逆流，但是绝不能因为它与主流方向不一致而将其忽略掉。因为真正的历史并不是呈线性向前发展的，而是像一条流动的小溪一样，有分支，有转折，也有迂回。幼儿园课程要为儿童将来的学业做准备这种思想恰恰暗示了美国学前教育发展的一种新趋势。

三 从"实用"走向"自由"：20 世纪 30 年代 美国学前课程的发展特点

在 20 世纪 30 年代的美国学前教育领域，"儿童中心主义""个体自由主义"发展到了登峰造极的地步，人们尝试着将学前课程完全建立在儿童"即时的兴趣"基础之上，要求幼儿教师除了创设环境和做记录之外，不做任何的预设与干预。然而，杜威早在 1929 年就曾经指出，那种让儿童淹没在材料之中但最终没有一个结果和计划，仅仅让儿童即兴发挥的方法是可笑的。如果没有经验的指导，那么儿童的反应几乎肯定是偶然的、零星的，最终是令人疲惫的。① 的确，这种完全从儿童兴趣出发来设计和实施课程的做法，是非常狭隘而不切实际的。这种自由的放任主义将许多应该由教育者承担的责任转嫁到了尚未成熟的儿童身上，这实际上暗示了主情主义课程完全将"钟摆"摇向了儿童一端，对个体自由的过分追求使教育放弃了其所应该承担的社会责任。事实上，在任何时候，在追求人性化课程的同时都不能忽略社会的愿景。

（一）课程价值取向：从"社会本位"走向"个人本位"

自从教育与课程诞生之日起，其价值取向就隐含着个人本位和社会本位之间的矛盾冲突。社会本位的课程认为社会的利益是最根本的，社会的价值是绝对的，课程应该体现社会的价值，因此必须根据全社会的利益和进步考虑课程；个人本位课程则认为儿童的存在和发展才是根本，社会的发展要建立在个人发展的基础上。因此，课程必须以儿童的发展为出发点和旨归。实际上，课程完全不考虑个人发展需要或完全不考虑社会发展需要是不可能的，判断一种课程的价值取向，必须以其最终目的指向"个人"还是"社会"为准绳。

从 20 世纪初期到 30 年代期间，在美国幼儿园实践之中占据主导地位的是以社会化课程和行为课程为代表的实用主义课程。尽管与福禄培尔幼儿园课程比较起来，实用主义课程更加尊重儿童身心发展特点以及兴趣与需要，并凸显儿童的"活动性"和"主动性"，但从根本的出发点来看，以杜威为首的进步主义教育者们希望通过教育来促进民主社会的形成。杜威自己曾经指出：与芝加哥实验学校开办以来许多参观者带回去的、实验学校必然是"儿童中心"的印象相反，实验学校把"教育的社会方面"放在第一位，意图以"社会为中心"。因为"儿童中心"是就心理因素即方法论而言的；"社会中心"是就社会因素即教育目的而言的。② 因此，实用主义课程的价值取向终归是社会本位的。

20 世纪 30 年代之后逐渐流行起来的各种主情主义学前课程，则将目光聚焦在儿童个体人格的健康发展上，对儿童情感问题给予了极大的关

---

① ［美］坦纳：《学校课程史》，崔允漷等译，教育科学出版社 2006 年版，第 164 页。
② 赵祥麟：《外国教育家评传》（2），上海教育出版社 1992 年版，第 537 页。

注。不论是保育学校课程还是幼儿园的"需要课程""兴趣课程"，都表现出对儿童自身特点、兴趣、爱好以及潜力的重视，主张培养具有不同人格特征个体。这些主情主义课程对个性化人格培养的强调与实用主义学前课程对培养集体主义合作精神的侧重形成了鲜明对比。主情主义课程的倡导者们认为实用主义课程希望培养儿童社会责任感来进行社会改革，其实质是以牺牲个体利益为代价来满足集体利益，儿童内在潜能被忽视和阻碍，最终会导致文化平庸。良好的课程应该关注每一个个体成长，使儿童潜能得到释放，促进创造力的发展，这也有益于为社会创造一个美好未来。主情主义学前课程彻底走向了"儿童中心"，它是对在20世纪初期的课程改革中就已经初露端倪的"儿童中心主义"思想的进一步发展。儿童不仅是课程的出发点，而且是课程的落脚点，课程内容的选择以及课程实施过程的安排都是为了谋求儿童个人最大发展的需要及可能。至此，学前课程的价值取向走向了"个人本位"。

（二）课程目标：从"行为目标""生成性目标"走向"表现性目标"

课程目标和课程本身一样，也是一个处于不断发展中的概念，人们对它的基本含义和实质的理解与阐释也存在着很多不一致；而且从不同的层面来看，课程目标所涵盖的范围也有着很大的不同。从宏观层面来说，课程目标是教育者根据当时社会对教育的期望与要求，融合自己所持有的哲学观和教育观，对教育结果的一般表述；从微观层面来说，课程目标则是对与课堂教学最切近的具体教育结果的详细表述，也被称作具体化的课程目标。下面将从微观层面对学前课程目标的取向进行分析。

行为目标是以儿童具体的、可被观察的行为作为表述的课程目标，它指向的是实施课程以后在儿童身上所发生的行为变化。[①] 行为目标具有客观性、具体性、可操作性等特点。帕蒂·希尔等人设计的行为课程就清楚、明确地指出了儿童所应具有的行为表现。例如，提出了"在活动中很愉快学会使用剪刀""用适量糨糊将纸张牢固地粘贴在一起"等行为指向明确的陈述性目标。行为目标克服了一般课程目标模糊性的缺陷，

---

① 朱家雄：《幼儿园课程的理论与实践》，华东师范大学出版社2010年版，第91页。

有利于儿童熟练掌握基础知识和技能。这对于具有文化传递性质的活动（如培养某些行为习惯）是有益的。在某种意义上，行为目标可以收到更为直接的教育效果，提高课程效率。但行为目标终归是大工业生产时代的产物，带有明显的时代印记，过于精确的行为目标容易造成课程僵化固定，教师眼中"只见目标不见儿童"，抹杀儿童的个性；而且人的很多高级心理素质，如思维、情感、社会性等是很难用外显的、可观察到的外显行为来预见具体化的。

生成性目标也被称为展开性目标，它是在教育情境中随教育过程的展开而自然生成的课程目标。行为目标关注的是结果，生成性目标关注的则是过程。生成性目标反映的是儿童经验生长的内在要求，反映的是问题解决的过程和结果。以杜威为首的进步主义教育者们都赞同教育目标不应该是预先设定的，而是教育经验的一种自然结果。那个时期流行的"工业化课程""主题课程"，以及克伯屈的"方案教学法"等，都并没有事先预定好具体的课程目标，它们要求教师依据儿童和具体的教育情境而定，课程目标是在儿童、教师和教育情境交互作用的过程中而产生的，没有绝对统一的标准，只是以儿童的自主发展作为课程目标取向的根本。

表现性目标是美国学者艾斯纳提出的，是指学生在从事某种活动后所得到的结果。它关注的是学生在活动中表现出来的某种程度上首创性的反应形式，而不是事先规定的结果。因此表现性目标并不是指向知识或技能的获得，而是培养儿童的个性与创造性。表现性目标没有规定儿童在完成学习活动后应该获得的行为，而是指向每一个儿童在教育情境中的种种"际遇"中所产生的个性化表现，它适合于表述复杂的智力活动，已有技能和理解是这种活动得以进行的条件。[①] 表现性目标出发点是：儿童在复杂的教育情境中的表现和学到的东西是无法预知的，因此必须鼓励儿童完全自由地探索和表达，而且不对学习结果做任何的预设。20世纪30年代之后日盛的主情主义学前课程在具体的课程目标方面没有任何的预设，而且在活动过程中教师也并不会强加干预，而是让儿童在自由游戏和艺术活动中自由展现和表达，去发挥自己的观点、想象和情

---

① 朱家雄：《幼儿园课程的理论与实践》，华东师范大学出版社2010年版，第96页。

感，不对儿童行为进行任何约束。

至于生成性目标和表现性目标的区别，我国学者朱家雄做了十分精辟的论述。根据他的观点，生成性目标的本质是对"实践理性"的追求，把课程看作是一种动态生成的师生互动过程；表现性目标本质上则是对"解放理性"的追求，把课程看成了儿童个性发展和创造性表现的过程。[①]

（三）课程设计：从"问题中心"走向"儿童中心"

课程设计是指课程的实质性结构、课程基本要素的性质以及这些要素的组织形式或安排。[②] 由于对儿童、社会、知识这三者的关系认识不同，课程设计的取向也不同，主要分为学科中心取向、儿童中心取向和问题中心取向三种。学科中心取向重视客观知识和技能在代际的传递；儿童中心取向强调关注儿童个体的兴趣与需要，希望每一位儿童都能得到充分而自由的发展；问题中心设计重点关注的是儿童发展与社会生存之间的关系。

20 世纪 30 年代的课程设计取向从之前的"问题中心"走向了"儿童中心"。事实上，问题中心设计与儿童中心设计有着很多的一致性，两者都是根植于以人为中心的哲学信条，重视儿童主体性的发挥。但问题中心的课程设计不具有个人主义的观点，而是更多强调集体。在人性观上，问题中心的设计者大多数认为人是一个生物进化的有机体，既不善也不恶，是中性的。如果教育为其提供适宜的环境，就会向好的方向发展。而以儿童为中心的课程设计是以一种极端民主的眼光来看待社会，强调个人主义，并认为每一个儿童都是"性本善"的实体，尤为重视个体的发展。

以社会化课程和行为课程为代表的实用主义课程具有明显的问题中心设计取向，其中社会化课程是以生活中的问题作为课程的核心，将儿童直接关心的事儿以及当前社会紧迫的问题作为起点，重点放在与社会有关生活的范畴上，实现课程内容与现实生活的紧密联系，并关注儿童在学习中解决问题的方法，鼓励儿童学习解决问题的技能。行为课程则

---

① 朱家雄：《幼儿园课程的理论与实践》，华东师范大学出版社 2010 年版，第 97 页。
② 钟启泉：《课程与教学论》，华东师范大学出版社 2004 年版，第 96 页。

围绕各种类型的操作活动来进行组织，将"沙子游戏""积木搭建"等活动作为课程主题，将需要儿童掌握的学习内容统一起来，鼓励儿童进行积极的信息处理，希望儿童在这些活动中养成良好的社会行为习惯。

　　具有主情主义色彩的保育学校课程以及幼儿园的"兴趣课程""需要课程"，则是以儿童为中心来进行设计，完全将儿童自身的兴趣与需要作为课程的起点，主张使课程适应儿童，而不是儿童适应课程。主情主义学前课程强调发展儿童的潜能，创设一个开放的、充满各种刺激的学习环境，让儿童在自由的游戏活动和艺术创作中释放情感和欲望，保证个体人格的健康，使每个儿童都能得到充分自由的发展。

第 三 章

重视学业准备：20 世纪 60 年代至
80 年代的主智主义学前课程

　　曾经亲身经历了 20 世纪初期美国学前课程改革的学者伊尔丝·福瑞斯特（Ilse Forest）于 20 世纪 60 年代发表了这样的演说："在世纪之交，幼儿园工作者们在希尔等人的带领下，进行了幼儿园课程的改革，使幼儿园站在了进步主义教育运动的最前沿；今天，学前教育工作者又一次面临着同样的情境，需要重塑教育思想，改革课程以适应当代社会的需要。我们需要同样勇敢无畏。"①

　　简要回顾过去四五十年的学前课程发展演进之路，不难发现，尽管其受到各种各样新思想、新理论的不断冲击，课程理念也不断发生着变化，但课程的实践形式本身并没有发生巨大的变革，甚至可以说变化是比较微妙的。我们可以做这样一个假设：20 世纪 20 年代的教师对五六十年代的幼儿园课程也不会感到特别陌生。虽然五六十年代所流行的课程被贴上了"需要""兴趣"等新的名称标签，但课程内容还是围绕季节、节日、家庭、社区生活来组织的；幼儿园的环境创设也没有太大的改变，五六十年代的设备、玩具和操作材料与 20 年代的十分相似，并且仍然借助搭积木、沙土游戏、绘画、庆祝节日等活动来为儿童提供各种学习经验；社会适应能力和情感的发展一直被视为幼儿园最主要的教育目标，幼儿园很少关注和提及智力的发展。

---

① Ilse Forest, "The Responsibility of the Kindergarten in the School's Readiness Program", *Education in Transition*, *Forty-Seventh Annual Schoolmen's Week Proceedings*, Philadelphia: University of Pennsylvania Press, 1960, p. 134.

如今，美国学前课程面临着一场前所未有的巨大变革。进入 20 世纪 60 年代以来，整个美国学前教育领域都在酝酿着一场革命。在政府和公众的眼中，学前教育从来没有像今天这样显得如此重要。可以说，美国学前教育的时代真正到来了，学前教育的使命是为缔造"伟大社会"做出贡献，这在以前是没有被考虑过的。针对贫困儿童的教育，不再是为了养成习惯，也不再是为了促进社会性和情绪调节能力的发展，而是为了促进儿童智力发展，为将来的学业做准备。人们认为，对于贫困儿童来说，存在着一种早期生命中的"文化剥夺"（Culturally Deprived）现象，即个体成长期间缺乏适当教养，以致在人格上未能建立符合社会文化要求的行为规范。① 正是因为这些低收入家庭的儿童缺乏足够的早期学习经验，所以教育者们开始尝试专门为贫困儿童设计课程来弥补家庭教育经验的缺失。

整个国家都越来越关心学前教育的有效性，"需要课程"、"兴趣课程"等生成性课程遭到了质疑，人们认为将儿童即时兴趣作为课程设计的出发点，并不能引导儿童在所有领域中进行探索，也不能保证让儿童掌握足够全面的知识；依靠各种操作材料作为学习的刺激因素，也遭到了批评，以积木、颜料、泥土等材料为媒介的自由游戏活动和艺术创造活动被认为缺乏智力方面的内容。家长们希望让儿童尽早地学习读和写，以便能够追赶上现代社会的发展节奏，因此努力地促成课程改革。

20 世纪 60 年代的学前课程改革不像 20 世纪初期那样，有一个辩论场——国际幼儿园联盟的圆桌会议，来决定课程发展的新方向，此时已经没有一个强有力的官方组织来对课程改革发出支持或者反对的声音，分裂的领导层对学前课程的改革各持己见。但总的来看，学前教育者们越来越关注儿童认知发展以及为将来学业做好准备，他们所设计的各种新课程都带有着明显的主智主义倾向。

---

① ［美］戈芬、威尔逊：《课程模式与早期教育》，李敏谊译，教育科学出版社 2008 年版，第 128 页。

一　"民族感召"：主智主义
学前课程产生的动因

（一）时代背景：国际竞争加剧

第二次世界大战结束以后，美国的经济和军事实力都攀升至世界首位，为了保证其在世界范围内的霸主地位，进一步扩大既得利益，美国开始在全球范围内实行扩张主义政策。不仅如此，美国为了维护资本主义社会制度，还主动承担起捍卫西方价值观的责任，与社会主义国家的领军者苏联展开了全面的抗衡与竞争。当时的苏联是唯一能够针锋相对地与美国进行对抗的国家，苏联与美国之间存在着不可调和的矛盾，二战后的几十年里，它们之间的冲突有增无减。在与苏联争霸的过程中，如何保持科技在世界上的领先地位，在愈演愈烈的军备竞赛中胜出，以保证所谓的国家安全利益一直是美国政府最为关心的问题。1957年10月，苏联成功发射了世界上第一颗人造地球卫星，这件事震惊了美国朝野上下，深深地刺痛了处于冷战之中的美国人原本就焦虑而敏感的神经，引起了他们的惊恐和愤怒。因为这似乎证实了美国之前对在冷战中与苏联进行科技与军事竞赛失败的担忧。

在此之前，社会各界对美国教育已颇有不满，因为在国际的各项评估中，美国学生的成绩都不是很好，尤其是与苏联的同龄人比起来，在数学、阅读和外语等方面都存在着不小的差距。曾经有一系列著作涌现出来，对美国学校课程中的反智主义倾向进行了猛烈批判，他们认为学校课程缺乏严密性，不重视数学和科学，而苏联人造卫星的上天正好为这种批判提供了强有力的佐证。于是，更多的反对声音从四面八方涌来，人们纷纷把批评的矛头指向了教育事业，强烈要求政府加强对教育的管理和投资，重视数学、物理等与科技发展密切相关的学科。正如美国学者温伯格（Weinberg）所说："苏联第一颗人造卫星斯普特尼克（Sputnik）上天，使全国上下都意识到美国在太空领域的竞赛中败下阵来……几乎是一夜之间，一场课程革命渗透到了美国学校教育的各个阶段。"[①]　在强大的竞争压力下，美

---

① ［美］戈芬、威尔逊：《课程模式与早期教育》，李敏谊译，教育科学出版社2008年版，第24页。

国政府和教育界开始对儿童智力的发展和学业成绩给予足够的关注，联邦政府于1958年通过了《国防教育法》，来促进教育改革，提高教育质量，培养科技人才，以保证美国在国际竞争中立于不败之地。1959年9月，美国科学院邀请了35位科学家、教育家和心理学家共同讨论中小学课程改革问题，最终以《教育过程》为书名发表了总结报告，其基本思想包括着的很重要的一条就是"强调早期教育，发掘儿童智力潜力"。由此可见，这股由国际竞争引发的强调儿童智力发展的旋风已经刮到了学前教育领域。

（二）国内环境：社会矛盾凸显

20世纪五六十年代的美国，一方面经济飞速发展，社会财富急剧增长，进入了所谓的"富裕社会"；但另一方面贫富差距却越拉越大，种族歧视现象十分严重。社会上不平等状况随处可见。例如，在社会经济地位上，黑人的失业率远远高于白人，60年代黑人人口占美国人口15%，但穷人中黑人比例却超过30%。[①] 与此同时，这种种族歧视与不平等在教育领域中也有明显的表现，美国学校中实行的种族隔离制度本身就是对黑人儿童的一种侮辱。尽管美国教育界一直宣称黑人学生和白人学生"隔离但平等"，但这却只不过是一个掩人耳目的谎言。实际情况是，教学开支分布不均，黑人和贫困儿童的生均经费远远低于白人的标准；不合格的教师充斥了黑人儿童的学校，在学校物质设施方面白人学校也要比种族隔离学校优越很多。

为了克服上述种种不平等，伴随着50—60年代国际民族解放运动的兴起，长期受欺压、受歧视的美国黑人掀起了一场席卷全国的民权运动。学校成了民权运动的大舞台，1954年"布朗诉托皮卡教育委员会案"（Brown v. Board of Education of Topeka）判决学校应废除种族隔离。首席法官厄尔·沃伦（Earl Warren）于5月17日宣布了如下判决："仅仅根据种族原因就将（黑人儿童）与另一些相同年龄和资格的儿童隔离开来，这会使他们对自己的社会地位产生一种自卑感。这种自卑感对他们心灵和思想造成难以消除的影响。……我们断定，在公共教育领域，'隔离但

---

① 何晋秋、曹南燕：《美国科技与教育发展》，人民教育出版社2002年版，第44页。

平等'原则没有立足之地。隔离的教育设施实质上就是不平等的。"① 布朗案的裁决标志着"合法的"种族隔离在美国终结，是美国公共教育走向公平向前迈进的一大步，它迫使美国联邦政府开始直接关注贫困黑人家庭的儿童教育问题。

就在民权运动开展得如火如荼的同时，美国政府又打响了反贫困之战。与种族问题一样，在 20 世纪 60 年代，贫困问题在美国的国家议事日程中处于非常重要的位置。消除贫困或者说缓解贫困成了很多人的目标。尽管美国的经济从二战期间到二战结束后的近 30 年里一直高速发展，保持着繁荣的状态，但仍然有将近 1/4 的人口挣扎在温饱的生死线上，生活在赤贫之中。1962 年，美国参议员迈克·哈林顿（Michael Harrington）在他的著作《另外一个美国》（The Other America）一书中描绘了一个与"繁荣富裕的美国"相反的景象，用生动的语言和确凿的证据赤裸裸地揭露了确实存在着的贫困，并且越来越多的城市美国人正在陷入贫困之中，在这个贫困群体中绝大多数不是白人。哈林顿认为，这种贫困现象与之前由经济危机所带来的贫困是不同的，那时的贫困可能是暂时性的，而现在的贫困却变成了一种"长远贫困"。因为在现行的社会体制之下，贫困群体脱离贫困的机会非常渺茫，他们自己相当的悲观，对长远的改善缺乏期待。如果得不到及时的帮助，这种贫困会"遗传"给下一代，即贫困家庭的儿童会成为美国新一代贫困群体的源头。

哈林顿的无情揭露引起了众多的人去关注美国所面临的贫困问题，其中一些教育人类学家通过对贫困家庭儿童的学业情况进行研究，提出了"文化剥夺"理论，即指由于贫困的黑人家庭和社区环境缺乏白人文化学校所需的学习活动与学习态度的文化刺激，黑人儿童不具备在白人中产阶级的学校取得高学业成就所需要的成就动机、抱负水准、语言与认知能力。② "文化剥夺"这个概念一经提出，很快就被公众普遍接受了，他们认为这是对为什么低收入家庭的儿童学业水平低下的最合理的解释。

---

① ［美］韦布：《美国教育史：一场伟大的美国试验》，陈露茜、李朝阳译，安徽教育出版社 2010 年版，第 333 页。

② ［美］戈芬、威尔逊：《课程模式与早期教育》，李敏谊译，教育科学出版社 2008 年版，第 128 页。

贫困家庭的文化不能为儿童提供足够的学习经验，儿童从家庭环境中获得的信息与刺激是十分贫乏和有限的。当贫困家庭的儿童进入学校的时候，就会出现严重的学业不适应现象，因为他们在智力上并没有做好学习准备。[1] 因此，教育对于贫困人群来说，不是一条帮助他们走出贫困的道路，而是让他们感到自卑和绝望的道路。要想打破这种"循环性的贫困"，除了直接改善他们经济状况外，改变他们的教育状况也是十分关键的一步。贫困的发现和文化剥夺概念的提出，使美国教育界人士以及公众们对学前教育及其重要作用有了全新的认识，开始对学前教育给予足够的关注。学前教育的理论研究者意识到，贫困儿童从家庭之中获得的经验与中产阶级白人儿童的经验有着很大的差异，就像哈林顿在书中所写到的那样："美国有300万人生活在极度贫困线以下，这些人绝大多数是黑人、印第安人和爱斯基摩人，他们的子女完全得不到适当的早期教育，这些儿童不会讲完整的句子，不会握笔，没有看过展览，未做过体验，甚至连自己的名字也不知道。入小学后，很难适应学习环境的要求。"[2] 针对这种状况，应该专门为贫困儿童进行补偿教育，促进他们的认知发展。

（三）教育政策："开端计划"的发起

无独有偶，在学术界对美国贫困儿童的教育问题进行研究和探讨的同时，联邦政府也对贫困问题进行回应。当时，民权运动风起云涌，黑人的抗议之声不断，贫富矛盾日益激化，社会动荡不安，所以美国白人中产阶级十分希望和支持政府采取有力措施，缓解社会中的各种矛盾。很快，约翰逊总统吹响了"向贫困宣战"（War on Poverty）的号角，并提出了建立一个"伟大社会"（The Great Society）的政治纲领。为了实现目标，联邦政府实施了各种反贫困计划，如颁布立法、扩大福利、向低收入人群发放住房补贴、改善卫生保健条件、提高办学水平，等等。其中，教育被视为消除贫困问题的关键手段，美国联邦政府认同一些教育

---

[1]　［美］戈芬、威尔逊：《课程模式与早期教育》，李敏谊译，教育科学出版社2008年版，第128页。

[2]　黄人颂：《学前教育学参考资料》，人民教育出版社1991年版，第86页。

家和社会学家的看法，认为教育是打破"贫困循环"的主要手段，只要给那些贫困家庭的儿童提供良好的教育和就业技能，就可以逐渐改变他们的经济状况和社会地位。因此，约翰逊政府将反击贫困的重点放在了对儿童和青年的教育上。

美国联邦政府首先于 1963 年颁布了《职业教育法》（*Vocational Education Act of 1963*），大幅度增加了对职业教育的拨款，其目的是通过对职业教育进行财政援助，来增加青年的职业培训机会。接下来，约翰逊总统又于 1964 年签署了《经济机会法案》（*Economic Opportunity Act*），该法案的目标是直接改善贫困人群的经济状况。为了改善青少年的就业前景，这个法案的一项重要内容是成立职业训练队，主要面向 16—21 岁的青年进行基本读写技能的培训和就业辅导；此外，它还实施了社区行动计划（The Community Action Program），鼓励穷人自己行动起来改善自身状况。社区行动计划开展得非常成功，很多州和城市的穷人群体都怀着满腔热情地加入"自我改善"的队伍中，他们不愿意再接受政府的资金援助。正是因为如此，联邦政府就有了更为盈余的资金去进行其他的计划。很快，他们便启动了《经济机会法案》中最受欢迎，也是最有争议的"开端计划"（Project Head Start）。该计划主要目的是帮助那些 3—5 岁的处境不利儿童做好入学准备，以改变他们在教育竞争中的劣势地位，使他们一入学就可以和中产阶级的白人儿童站在同一起跑线上。约翰逊总统认为，开端计划将通过解决贫困的始端——贫困学前儿童，来"铲除贫穷的根本原因"[①]。

但"开端计划"作为美国反贫困战争中最重要的社会援助项目之一，不仅仅是一个教育计划，而是一个综合性的对学前儿童进行援助的计划。它主要包括健康服务、社会服务和教育补偿等三部分。其中，健康服务以促进儿童健康为宗旨，对儿童进行身体检查和疾病的治疗，促进家长对儿童的健康问题给予更多的关注；社会服务是指对贫困家庭的家长进行教育和指导，并为他们提供一些与儿童教育有关的工作机会，这样做的目的是希望提高贫困家长的教育能力，改善家

---

① ［美］韦布：《美国教育史：一场伟大的美国试验》，陈露茜、李朝阳译，安徽教育出版社 2010 年版，第 341 页。

庭的经济状况，使家庭生活质量在精神层面和物质层面都得到提升，从而有利于儿童的成长与进步；教育补偿是"开端计划"中最为核心的部分，从某种角度来说，健康服务和社会服务都是为教育提供辅助的。在"开端计划"实施之初，教育补偿的具体做法是由联邦政府拨款，将贫困家庭的儿童免费收容到公立小学特设的学前班，进行为期数月或1年的保育与教育。通过自由游戏、集体活动、户外锻炼、校外活动、文化活动（如手工、绘画、听故事、搭积木、欣赏音乐、传授科学知识）等方式，[①] 使贫困家庭的儿童在智力、身体和社会性等方面都获得发展，以消除他们与其他儿童入学前形成的差异，实现"教育机会均等"。"开端计划"所支持的公立学前班主要沿用的是保育学校的课程，但随着计划的进一步推行，人们开始意识到保育学校的课程是根据中产阶级白人儿童身心发展特点与需要而设置的，过于关注儿童情感发展，并不能更有效地帮助贫困儿童做好入学准备，这阻碍了"开端计划"预期目标的实现。此时，国家迫切需要开发出能够促进智力发展的新课程，来对处境不利儿童进行教育补偿。可以说，"开端计划"的发起，直接刺激了课程改革，使政府、学术界和公众都对学前课程的开发投入了极大的热情。

二 "理论变迁"：主智主义学前课程 形成的思想基础

（一）"破旧"：新智力发展观推翻了智力固定说

在20世纪60年代之前，美国大多数人所信奉的是"遗传决定论"和"智力固定说"，认为儿童的智力是由遗传或成熟本能所决定的，教育在智力发展中所起到的作用不大，因此他们认为在学前期发展儿童的智力是没有必要的。像霍尔、格塞尔等儿童心理学家都持这种观点。尽管在20世纪初期，行为主义的创始人华生提出了"环境决定论"，认为环境在人的成长过程中起着关键的作用，但他更多地把目光投向了外显的行为，而没有关注人类思维的发展。而且，行为主义者对科学数据十分

---

① 杨汉麟、周采：《外国幼儿教育史》，广西教育出版社1998年版，第539页。

依赖，并由此得出一套标准化的行为指标，这意味着行为主义者持有这样的课程观：同样的一套课程将适应所有的儿童，而且对所有儿童都起着同样的效果，无论他们的背景经历是什么样的。20世纪三四十年代，精神分析心理学和成熟势力说一起改变了学前课程：首先，为了营造良好心理氛围，保育学校的教师不再对儿童进行直接的控制与引导，进一步解除了儿童的学习压力，学前教育变得更加民主。但这在促进儿童智力发展方面没有取得任何帮助，而是更有益于儿童社会性与情感的发展。一些人认为，在课程中增加智力方面的内容和对读、写、算等学业技能的传授会阻碍情感的释放，不利于儿童自由地表现和表达。其次，那个时代对科学数据的依赖达到了顶峰，儿童身心各方面发展的数据成为一些幼儿园设计课程的主要依据，人们认为儿童成长有一个统一客观的模式，个体成长环境的巨大差异被忽略，成熟论居于主导地位，智力增长不被关注。

到了20世纪60年代，关于儿童发展的研究重点开始转向更加抽象的思维过程。客观化、标准化的数据已经渐渐失去了拥护者，人们主要兴趣在于儿童的推理过程和认知建构。儿童研究的视角发生也了改变，从对儿童进行标准化的描述，转而认为儿童是一个与环境相互作用的有机体；从前研究的是儿童肌肉、动作、语言的发展，现在从一个更广阔的视角来认识儿童身心各方面的发展及其背后的动力。这一时期，新的智力发展观挑战了传统的智力固定说，并认为个体早期经历是决定其智力的关键因素。布朗芬·布伦纳首先否认了儿童智力发展是遗传基因预先决定的观点。他在其所著《人类的发展》一书中指出："社会生活条件和教育对儿童出生头几年的发展起着决定作用。"1960年，伊利诺斯大学的教授亨特（Hunt）在《智力与经验》一书中，推翻了智力固定的假说，指出智力是遗传与后天环境相互作用的结果。1964年，布鲁姆（Bloom）公布了他长期追踪研究得出的数据，他认为智力发展的速率是：1岁儿童达到20%，4岁时达到50%，8岁时达到80%，12岁时达到92%，也就是说，人的智力3/4是在入小学前形成的。[①] 他得出的结论是"智力的发展速度在学前期是最快的"，并大胆提出假设，"环境能改变或加速智力

---

① 黄人颂：《学前教育学参考资料》，人民教育出版社1991年版，第85页。

的发展，尤其是在其发展最迅速的时期。"① 布鲁姆认为教育在人的童年时期所起到的作用最大，多样性的环境是促进儿童快速发展最有力的潜在因素。在这里，儿童发展心理学发生了一个巨大的转向，即从"智力遗传论"转向了"智力是先天遗传与后天环境相互作用的结果"。新发现为重新认识儿童打开一扇窗，越来越多学前教育者开始接受"智力是可变的""相互作用的学习观""儿童早期经验重要"等观点，并认为保育学校和幼儿园的教育经历能够给儿童的认知发展带来显著影响，于是美国学前课程又一次面临着变革。

（二）"立新"：皮亚杰认知发展论及结构主义的流行

早在 20 世纪 30 年代，瑞士心理学家皮亚杰就开始从事关于儿童思维发展的研究，并意识到儿童认知发展过程中存在着结构性特征，认知结构的形成是主客体相互作用的结果。皮亚杰认为智力发展的本质是"由简单状态向复杂形态的不断创造的过程，也就是有机体与环境间实现各种不同形态的、向前推进的平衡过程"②。

皮亚杰认知发展理论中两个核心概念是"同化"和"顺应"。同化是指人们把环境中新的刺激、新的感知纳入到原有图式或行为模式之中的认知过程；顺应是指个体在外界刺激的作用下，认知结构发生变化。同化带来的是认知结构量的增长，顺应促进认知结构产生质的变化。皮亚杰指出，有些经历可以让儿童进行"顺应"，引起思维结构的改变，而有些经历则很容易被儿童"同化"。在皮亚杰看来，儿童认知的发展是认知结构的发展由量变到质变的过程。

皮亚杰理论集中关注逻辑运算，他的研究内容大部分都是关于儿童在数学、科学以及逻辑推理领域的发展特点，并根据研究结果将儿童认知发展分为四个阶段：感知运动阶段（从出生到 2 岁左右）、前运算阶段（从 2 岁到 7 岁）；具体运算阶段（从 7 岁到 12 岁）；形式运算阶段（从 12 岁到 15 岁）。在不同认知发展阶段的儿童有着不同的学习风格与方式，

---

① Lickona, Thomas, "Developmental Psychology and Early Childhood Education", Paper Presented by the Psychology Colloquim Series, State University College at Cortland, 1971, p. 6.

② 左任侠、李其维：《皮亚杰发生认识论文选》，华东师范大学出版社 1991 年版，第 1 页。

保育学校和幼儿园里的儿童认知发展正好处于前运算阶段，他们的思维仍带有直觉行动性，即对事物的认识来源于直接经验和活动，但已经能够凭借心理符号来进行表象思维，进行象征性的活动和游戏。

皮亚杰认为儿童认知发生、发展的原动力就是主体的活动或动作，儿童就是从动作中获得了构成知识的物理经验和数理逻辑经验。皮亚杰高度肯定了游戏的作用，儿童就是在游戏中获得知识，建构着自己对这个世界的认知。皮亚杰作为一名心理学家，并没有直接将他的理论转化为教育实践，但他的认知发展理论从20世纪60年代开始一直影响着美国乃至世界的学前教育。

皮亚杰的理论之所以在美国"迟到了"将近30年，美国学前教育研究者韦伯认为原因有三，其中两个是方法论问题：首先，皮亚杰研究儿童思维的发生与发展采用的是临床研究法，而美国当时流行的是采取调查、统计的处理方式；其次，皮亚杰坚持把实验描述和理论推测混合起来，这种缺乏实验清晰度的研究激怒了那些寻求建立一门人类行为科学的心理学家；最后，也是最重要的因素，就是在20世纪60年代之前，美国人对发展儿童智力不感兴趣，他们信奉的是"智力固定说"和"遗传决定论"，而皮亚杰的认知发展理论强调的是儿童智力发展是儿童与环境互动的结果。[1] 无论从哪个角度来看，皮亚杰的认知发展理论与当时美国的社会大背景都是格格不入的，因此，在20世纪30年代，皮亚杰理论刚提出之时，并未能影响美国的儿童研究事业以及学前教育领域。

到了20世纪60年代中期，皮亚杰的认知发展理论在美国找到了适宜的"土壤"，开始在这里生根发芽。第一，布鲁姆、亨特等人提出的新儿童智力发展观认为智力是可变的，其发展要依靠儿童与周围环境的不断相互作用，这与皮亚杰的认知发展理论不谋而合。第二，当时美国社会氛围就是希望促进儿童智力发展，一方面是想通过发展儿童的智力，提高数学和科学等理科的成绩，保证美国在国际竞争中保持领先；另一方面则是希望帮助贫困家庭儿童在学业上取得成功。皮亚杰理论对数理逻辑智能的重视，恰恰符合了当时美国政府和公众们的心理。第三，皮亚

---

① Weber, E., *Ideas Influencing Early Childhood Education*, New York: Teacher College Press, Columbia University, 1984, p. 152.

杰不仅提出了认知发展阶段论，而且特别强调这几个阶段顺序是固定不变、不可逾越的，后一个阶段的发展要以前一阶段为基础。这说明最原始的感知运动阶段是智力发展的源头和关键，学前教育对人一生的发展十分重要。鉴于此，学前教育者们十分支持和欢迎皮亚杰的理论，并一直对其保持着浓厚的兴趣。第四，20世纪60年代结构主义哲学流派在美国兴起，对皮亚杰著作进行了大量翻译与引入；而且皮亚杰本人也是于60年代之后，才直接对教育问题给予更多的关注，撰写了一些教育著作，这些也成为皮亚杰理论提出30年后才开始影响美国教育的原因。第五，还有一个必须提到的原因，这时期，人们开始怀疑所谓的"科学的心理学数据"是否能够为学前课程的发展提供理论基础。学前教师们发现，对儿童进行观察和测量而得出的结果并不能直接指导课程实施，也不能帮助教师选择智力教育的内容。例如，根据标准化的研究，对5岁儿童思维特点的描述是"对知识十分渴求，有好奇心和探索欲"，以此为依据来设计课程，要求保护和激发儿童的好奇心、鼓励儿童去探索，但这种建议对教师为儿童选择哪些学习内容没有任何帮助。因此，教师们开始尝试着寻找新的心理学理论，来作为课程设计的基础。

除了皮亚杰的认知发展理论之外，结构主义心理学家布鲁纳提出的结构主义教育理论也对美国的学前课程产生了影响。布鲁纳是美国著名的心理学家和教育家，他的教学理论对美国20世纪六七十年代的中小学课程改革产生了深远的影响，同时也在一定程度上渗透到了学前教育阶段。布鲁纳认为人类追求知识的过程其实就是发现其内在结构的过程，这种结构不是客观存在的，而是人主观塑造并外加于它的。面对知识的迅猛增长，学校不可能使学生在短时间内获得所有知识，只能让学生掌握"学科的基本结构"。"基本结构"是学科的精髓和概要，这就要求课程的设计必须以其为中心。按照布鲁纳的观点，只要将学科内容转换为符合学生认知阶段性特点的知识形式，使之与儿童的认知结构和学习兴趣相吻合，任何一门学科的基础知识都能用从一般到个别的认识捷径教给任何发展阶段的任何儿童。[1] 布鲁纳指出，儿童存在着极大的智力发展

① 吴式颖、任钟印：《外国教育思想通史》（第十卷），湖南教育出版社2000年版，第72页。

潜力，因此现有各级学校的学科内容可以逐级下放。他对以往学校过于重视儿童学习的成熟因素，消极等待儿童成熟之后才进行正式学业准备的做法提出了批评，并提出了要提前为学习做准备的新观念，要求教育既要遵循儿童智力发展进程，又要能够加快这一进程。在布鲁纳的影响下，美国学前教育界在学前课程中增加了科学教育的内容，对儿童进行科学教育。例如，1963 年，美国科学促进协会在科学教育工作者和教师的共同协助下，出版了适用于幼儿园和小学低年级的《科学教育见闻》，从空间、观察、数的关系、测量等入手，对儿童进行科学教育，增强其掌握科学的基础技能以及充实经验。[1]

　　总之，受皮亚杰和布鲁纳等人理论的影响，美国学前课程开始走向主智主义的道路。这时期的心理学家和学前教育者们不仅热衷于加速认知的发展，而且关注学习技能的获得。

三　"碰撞争鸣"：多彩纷呈的主智主义学前课程竞相登场

　　美国社会对贫困儿童教育的关注并不是一种全新的趋势，19 世纪末期在免费幼儿园协会和慈善家的努力下，慈善幼儿园已经遍布整个国家；保育学校的最初建立也是对处境不利人口问题的一个帮助。我们已经看到，20 世纪初期的幼儿园课程注重对儿童进行品格的训练和行为塑造，希望通过这种方式来使儿童有一个更好的人生开端。当时幼儿园课程设计主要遵循中产阶级的伦理道德价值观，如责任感、对财富的尊重等，但这些价值观并不是所有社会阶层共同信奉的。事实表明，来自不同家庭背景的儿童已经形成的认知模式使其很难接受幼儿园统一教育模式的塑造。贫困家庭的儿童进入公共教育机构，必须跨过一道文化的鸿沟，他们并没有为接受学校教育做好准备，不可避免地会遭到失败。20 世纪 60 年代，正是因为认识到学前教育在促进儿童智力发展中起到的重要作用，以及存在"文化剥夺"的事实，所以必须要在学前期对处境不利儿童进行补偿教育，以帮助他们将来在学业中取得成功。这就需要开发一

---

　　① 杨汉麟、周采：《外国幼儿教育史》，广西教育出版社 1998 年版，第 540 页。

系列新课程来促进儿童认知的发展。主智主义成为课程改革与实验的主导思想，各种旨在促进儿童认知发展和增强学习技能的课程纷纷登台了。

20世纪60年代末70年代初，在联邦政府以及私人机构的支持下，儿童心理学家及教育者们开发了各种各样的学前课程方案。由于对教育和儿童发展过程有着不同的解释，对于贫困环境对儿童认知发展所产生的影响也有着不同的看法，各种课程方案的目标、内容和实施过程也各不相同。下面我们将介绍比较典型、影响较大的几种课程方案：吸收了多种理论的发展—互动课程、以行为主义为指导思想的贝瑞特—恩格尔曼课程、以皮亚杰理论为基础的高瞻课程与凯米—德弗里斯课程。

（一）发展—互动课程的发展历程及特点

1. 发展—互动课程的演进之路

发展—互动课程（Developmental-Interaction approach）在20世纪60年代的美国不是作为一种全新的课程模式而出现的，其渊源可追溯到的20世纪20年代左右。透过发展—互动课程的发展演变之路，可以看到美国学前课程从主情主义走向主智主义的历程，也可以看到学前教育思想之间的更迭和冲突。

发展—互动课程的创立者是露西·米切尔，正如前面提到的那样，她曾经与哈丽雅特·约翰逊和卡罗琳·普拉特于1914年一起创办了游戏学校。1916年，她们又建立了教育实验局（Bureau of Educational Experiments，BEE）及其附属保育实验学校，其最初目的是通过对儿童进行亲自的观察研究，使教育者和儿童研究者的工作得以衔接和沟通，在实践中形成一套最好的教育方法。由于露西·米切尔与卡罗琳·普拉特在学校管理方面存在着严重的分歧，她在1928年彻底离开了游戏学校，专门负责教育实验局及其附属实验学校的研究和教学工作，探索如何为促进儿童成长开发出最适宜的课程。因此，从源头上来讲，发展—互动课程并不是以某种理论为依托来进行设计的，而是在实践探索的过程中发展起来的。1930年，教育实验局搬迁到纽约市银行街69号，这时它所倡导的学前教育方法就被教师们私下冠以"银行街课程"（Bank Street approach）的名称。在20世纪30年代，正是新精神分析理论在美国流行的时期，那时的银行街课程关注儿童情感与人格的健康发展，和其他保育学校的课程一样，它也是以儿童为中心，努力为儿童创设一种具有支持性和刺激性的环境，来激发儿童主动探索和自我表达，使儿童的个体潜能和欲望得以释放，完全带有着主情主义的色彩，属于主情主义课程。

到了 20 世纪 60 年代，尽管美国人的智力发展观已经发生改变，而且越来越重视学前教育在促进儿童智力发展中的价值，但出人意料的是，在开始进行"开端计划"的时候，联邦政府居然对银行街课程给予了极大的肯定。其中的原因是错综复杂的：有经济方面的原因，因为相对于开发新课程来说，利用原有的课程可以节省很多开支；也有管理者方面的原因，一些参与"开端计划"的人员，对银行街课程的理念与实践十分的赞同；但最为重要的是，银行街课程与"开端计划"发起之时所持有的基本理念有着很大的一致性。银行街课程作为一种曾经流行的保育学校课程，不仅仅对儿童进行教育活动，同时也注重健康服务与社会服务，"开端计划"最初就是这样一个综合性援助方案。但很快联邦政府就缩小了"开端计划"的援助范围，"开端计划"逐渐演变为一种简单的教育干预计划，不再涉及社会服务方面的内容，这使得银行街课程失去一个了重要的外力支持，而且政府和公众对儿童智力发展越发关注，越来越把学前课程聚焦在促进认知发展及学业发展上。于是，随着社会大背景的改变，银行街课程也发生了一定的变化。

以比伯（Biber）为首的教育实验局（1950 年已改名为"银行街教育学院"）的研究者及其附属保育学校的教师们开始着手为他们在实践中摸索形成的银行街课程寻找一个深层的理论基础，并企图将不断根据实践变化而向前发展的动态性银行街课程固定化为一种可遵循的静态模式。引发这一变化的主要原因有以下三点：首先，进入 20 世纪 60 年代以来，整个学前教育界都将目光投向贫困家庭的儿童，致力于发展他们的认知和语言能力，提高他们的智力水平。针对中产阶级白人儿童而创设的银行街课程则面临着挑战，它必须寻找一个强有力的理论支撑，来证明其在发展儿童智力方面的作用，否则，它将被贴上"过时"的标签，会渐渐被淹没在各种新式的课程方案之中。其次，随着"开端计划"的发起，进入学前教育机构的儿童数量突飞猛进，对教师的需求量大增。将动态变化的课程转化为一种固定模式，有利于对新教师进行培训，这将会扩大这种课程在学前教育领域中的使用范围。再次，联邦政府和公众对各种新课程在促进儿童智力发展方面是否起到作用十分关心，进而对课程实施的及时性结果给予重点关注，并由此形成了对各种课程的竞争性评价，像发展—互动课程这种具有不确定性的、动态的课程实施形式将不利于对其进行教育效果的评价。在这个时期，虽然发展—互动课程逐渐由之前的动态实践探索模式转变为静态理论指导模式，但在本质上它仍然是一个开放性、低结构课程，其始终没能够提供一个预先设计好的、规范化的课程组织形式，从而留给教师更多的空间。

2. 发展—互动课程的主要特点

（1）多元化的课程理论基础

发展—互动课程是建立在多种混合理论基础上的，这与20世纪60年代出现的其他各种课程方案有着明显的不同，这些新的课程方案或者以行为主义理论为基础，或者以皮亚杰的认知发展理论为基础。而发展—互动课程的理论来源至少有三种：其一，精神分析心理学理论（心理动力学理论）。受弗洛伊德及其女儿安娜·弗洛伊德、埃里克森等人观点的影响，发展—互动课程强调情绪、动机以及自主性等方面的发展。其二，认识发展理论。发展—互动课程吸收了皮亚杰等人关于认知发展的观点，一方面的目的是为了对抗比较盛行的行为主义学派，因为相对促进儿童智力发展来说，银行街教育学院的工作者们对单纯的学业取向课程是坚决抵制的；另一方面，认知发展理论也为发展—互动课程提供了新的论据，因为其作为传统的保育学校课程代表，十分重视环境的创设来引发儿童的自由活动，皮亚杰理论对主体与客观环境相互作用的强调，与其基本主张不谋而合，并为其开创了一个看待环境创设问题的新视角。其三，该课程受进步主义教育运动的影响，吸收了杜威的教育哲学思想，露西·米切尔、哈丽雅特·约翰逊和卡罗琳·普拉特等人在上述理论的影响下，提出的一些教育观点也成为构筑发展—互动课程的理论基础的要素。

（2）兼顾认知、情感和社会性的发展性课程目标

与当时强调智力发展与学业技能获得的其他新课程不同，发展—互动课程希望培养"完整的儿童"，它把儿童看成一个有智力、有情感的社会人。20世纪70年代，银行街课程正式更名为发展—互动课程，就是希望用这个新的名称将课程内涵概括出来。其中，"发展"指儿童身心的自

然成长规律，"互动"指儿童与周围社会环境和物理环境的互动，同时也指认知与情感的互动。发展—互动课程的倡导者认为认知、情感和社会化的过程是相互影响、相互依赖的。比伯等人的基本信念是：认知功能的发展——包括获取信息、处理信息、判断、推理、问题解决、使用符号系统——是无法和个人的成长以及人际交往过程——自尊的发展、认同感的发展、冲动控制的内化、自主反应的能力以及与他人的联系——相互割裂。① 因此，发展—互动课程坚决反对只注重智力和学业的发展。

此外，发展—互动课程的目标并不是明确地指向某些具体行为和能力的终极目标，而是很宽泛的发展性目标。一些教育者和心理学家将发展—互动课程归纳为五个较为宽泛的教育目标。②

第一，提升能力。在发展—互动课程中"能力"的含义，既包含客观性的知识技能，同时也包含了主观性内涵，如自尊、自信、自我效能感、卓越的表现、表达能力、沟通能力等。

第二，独特个性。这个目标强调对自己独特性的了解，自己对自己在生活中所扮演的不同角色知觉与分辨，同时根据对自己能力的认识及他人对自己的印象建立自我价值感。（这部分目标有些和第一个目标是重合的，不能很清楚划分开。）

第三，实现社会化。使儿童学会自我控制以保证课堂中的社会秩序，处理好自己与他人的关系，调整自己的行为使其形成一种内化的规则。

第四，培养创造力。创造力表现在各种表达、情感、构想、逻辑、直觉等各个方面。创造力的表达形式很多，包括：律动、绘画、雕塑、旋律、数学与科学的构想等方式。

第五，具有整合能力。包括儿童对内心世界与外在世界的整合、思想与情感的整合，以及对以上几个目标中提到的各种能力的整合等。这个整合的过程被认为对于创造性和最大限度地参与学习来说

---

① ［美］戈芬、威尔逊：《课程模式与早期教育》，李敏谊译，教育科学出版社2008年版，第104页。

② 简楚英：《学前教育课程模式》，华东师范大学出版社2005年版，第62页。

是至关重要的。①

从以上较为宽泛的目标中，可以发现发展—互动的课程的根本目标并没有为了刻意迎合这个时代而发生方向性的变化，其终归是与国家对儿童进行的专门智力开发运动是不合拍的。比伯曾经感叹道："我们以为能被公众逐渐接受的、认定的意识形态的基本原则在 20 世纪 60 年代遭遇了'滑铁卢'。在那个时候，一种狭隘的学术主义成了各实验性课程方案的主导思想，人们试图寻求一种最佳的早期教育方法，来消除贫困对儿童所造成伤害。"② 虽然发展—互动课程在具体目标层面提出了要促进儿童认知能力发展，如在 20 世纪 70 年代末期提出的八大培养目标的第二条就是"通过认知策略提升儿童在分类和排序经验方面的潜能"，但总的来看还是更侧重于培养儿童综合能力，而不是局限于智力发展。它的倡导者坚持应该把儿童当作一个"完整"的人来看待；而且用发展的眼光来看儿童，更多的是为儿童一生的发展做打算，而不仅限于为学业的准备。

（3）具有灵活性和生成性的课程内容

20 世纪六七十年代的发展—互动课程并没有规划出具体内容，只是提出了一些基本的原则，这些原则提示了儿童应该掌握的知识或技能，教师将在原则指导下自由地选择教育内容，因此课程内容具有很强的灵活性和生成性。下面将列举出一部分原则。

① 儿童在教室里得到的不同经验，正是儿童提升语言和思考过程中的主要素材

② 将儿童的经验与类化的主题联结，以协助儿童了解

③ 提供给儿童的活动能让儿童将他们对周围环境的兴趣与想法表达出来和加以精进化

④ 戏剧式游戏有助于儿童各方面的发展

⑤ 课程内容应反映两个主要的主题

---

① Biber, B., *Early Education and Psychological Development*, New Haven, C. T.：Yale University Press, 1984, p. 25.

② 简楚英：《学前教育课程模式》，华东师范大学出版社 2005 年版，第 65 页。

方法：如做一样东西，修理、装订一样事物的做法和过程

起源的问题：如某样东西是怎么来的、何时出生的等问题

⑥ 教师在设计课程时要以幼儿生活环境、关心点为基础去做计划

……

从以上列出的与课程内容选择明显相关的原则中，我们不难发现发展—互动课程对儿童现实生活经验和兴趣的强调，并倾向于选择发展儿童实践活动能力的经验，而对发展智力技能的内容却并未偏重。

具体来看，发展互动课程的核心内容主要是围绕"社会学习"（Social studies）而组织起来的，学习内容主要包括：（1）人类与周围的自然环境；（2）人与家庭、社区以及更广阔的外在世界的关系；（3）代际的联系与沟通；（4）通过神话、宗教、科学、艺术来了解生命的意义；（5）受某种价值观支配的个体和集体的行为；（6）将变化视为生活的常态；（7）学会如何解决问题。[①]发展—互动课程以上面内容为主题，以综合的方式整合美术、音乐、数学、科学、阅读、书写等各种不同的经验，并促进儿童社会性、情感和认知等各方面的共同发展。

总而言之，发展—互动课程顺应时代潮流，从单纯强调儿童自我与社会情绪发展的课程转变为促进儿童认知—情感的发展，倡导培养"完整儿童"，即社会性、情感，以及智力的全面发展。虽然发展—互动课程增加了对儿童认知的发展关注，但它反对仅仅将认知发展作为学前课程的目标，比伯等人一直认为儿童的认知发展与情感发展是不能分离割裂开来的。为了服务于贫困家庭的儿童，在实践中，发展—互动课程的某些方面确实发生了改变，但是课程发起者们所坚持的纲领性原则从未发生过动摇。

在那个年代，与那些强调认知发展或学业技能获得的课程进行短期效果比较时，发展—互动课程是处于劣势的；而且发展—互动课程对教师的要求相对较高，开放性、低结构的课程组织形式要求教师能

① M. C. Day & R. K. Parker（eds.），*The Preschool in Action：Exploring Early Childhood Programs*（2nd *edition*），Boston：Allyn & Bacon，1972，p. 432.

够灵活应对各种复杂而不确定的问题。因此，尽管银行街教育学院的教育工作者们在比伯的带领下，不断地对课程进行研究与反思，他们尝试着寻找出课程的基本要素，构建一个系统化、概念化的理论框架，将课程实践纳入其中，但发展—互动课程在那时还是没有流行起来，几乎处于萎缩状态，而恰恰是发展—互动课程最为反对的、强调具体智力任务和学业任务的课程成了当时学前教育领域中最受追捧的教育方案。

（二）贝瑞特—恩格尔曼课程的基本理念与实践

20 世纪 60 年代中期，伊利诺伊大学的卡尔·贝瑞特（Carl Bereiter）和西格弗里德·恩格尔曼（Siegfried Engelmann）创办了贝瑞特—恩格尔曼学前学校，在他们创办的学前学校之中，每天要为 4—6 岁的贫困家庭儿童提供两个小时的高强度直接教学。他们认为贫困家庭儿童之所以在学业上失败，就是因为他们在学前教育阶段没有获得相应的知识和技能。贝瑞特和恩格尔曼相信授予儿童更多的学业技能就能提高其学业水平，因此他们设计了直接传授给学前儿童阅读、算术和语言技能的贝瑞特—恩格尔曼课程。这也是"开端计划"诞生后专门针对贫困儿童做教育补偿的课程方案之一。贝瑞特—恩格尔曼课程具有明显的学术主义倾向，该课程目标是致力于使学前儿童具备入小学时所需要的基本学业能力，这完全符合了当时社会对教育的期望。因此，在那个年代它被推到了历史舞台的中心，成为最受推崇、最具影响力的课程之一。

贝瑞特—恩格尔曼课程的理论基础是行为主义心理学，行为主义心理学认为学习是强化练习而导致行为发生变化。据此，贝瑞特等人为儿童设计的课程表现出了对强化刺激和练习的依赖，有学者曾对其做过这样的描述性介绍："贝瑞特—恩格尔曼课程以小步递进的方式加以组织和实施，即教师教一点信息，儿童立即重复这个信息。教师提出有关这个信息的问题，儿童对教师的问题做出反应，如果反应是正确的，儿童会受到表扬或奖励；如果反应错误，教师则加以纠正，这个过程会持续，一直到儿童能够重复教师正确答案为止。这时，教师和儿童才开始下一个步骤的学习任务。"① 很明显的，这种课程实施方式与行为主义代表布鲁姆所倡导的"掌握学习"的教学过程十分类似，它们都是由教师掌握教学内容和进度，并且注重测验诊断和补充性辅导，矫正—反馈程序是这一课程模式的核心。

贝瑞特—恩格尔曼课程的目标从宏观上讲就是为儿童将来取得学业成功做好准备，从微观上来说则是培养儿童阅读、算术和语言技能，而之所以选择这三者作为课程的主要目标，是因为课程的设计者相信这些技能是学生在学业上获得成功的基本保证。除此之外，贝瑞特等人对 20世纪 60 年代中期提出的"文化剥夺"这个概念的理解，也深深影响了课程目标和内容的选择。包括皮亚杰建构主义在内的很多理论都认为贫困家庭儿童在婴儿期缺乏足够的感官刺激（视觉、触觉、味觉），才导致之后的认知发展滞后，而贝瑞特—恩格尔曼课程认为贫困家庭儿童遭遇的所谓"文化剥夺"问题，并不是"感官的剥夺"，而是"语言的剥夺"，语言发展经验的缺乏是导致贫困儿童智力发展落后的关键。从这个思路出发，所开发的对儿童进行补偿教育的课程方案必须对儿童语言的发展给予足够的关注。贝瑞特—恩格尔曼课程确定了 15 个教学目标：②

1. 能用肯定句和否定句回答问题。如教师问："这是什么？"儿童回答："这是一个球。这不是一本书。"

2. 能用肯定句和否定句来对"告诉我有关这件东西（球、铅笔等）"这个问题做出描述。"这个铅笔是红色的，这个铅笔不是蓝色的。"

3. 能够运用反义词（如果它不是……，那么它一定是……），至少掌握四组核心的反义词组，大—小、上—下、长—短、胖—瘦。

4. 在用陈述句描述物体位置的时候，能够恰当使用方位介词（如 on，in，under，over，between）。"铅笔在哪里？""铅笔在书的下面。"

---

① 朱家雄：《幼儿园课程的理论与实践》，华东师范大学出版社 2010 年版，第 176 页。

② Evans，E. D.，*Contemporary Influences in Early Childhood Education*，New York：Holt，Rinehart & Winston，1971，p. 108.

5. 能够分别用肯定和否定的句子对至少四种类型的事物进行描述，如工具、武器、家具、野生动物、农场动物和交通工具。教师："告诉我什么是武器？"儿童："枪是武器"；教师："告诉我什么不是武器？"儿童："牛不是武器。"儿童能够正确判断和使用他所熟悉的概念。如"蜡笔是家具吗？""蜡笔不是家具，蜡笔是用来书写的物品。"

6. 能够理解和使用简单的条件句（if-then）进行推理。给儿童呈现一幅图包含了一些大正方形和一些小正方形，其中所有大的正方形都是红色的，而小正方形的颜色则各不相同。教师问儿童："如果这个正方形是大的，那你还知道关于它的什么信息？"儿童："那么它应该是红色的。"

7. 能够用否定句进行推理。教师："如果正方形是小的，那你还知道关于它的什么信息？"儿童："那么它不是红色的。"

8. 能够用"或者（or）"做简单的推论。教师："如果正方形是小的，那么它将不是红色的，你还知道关于它的什么信息？"儿童："它应该是蓝色或者黄色的。"

9. 能够命名基本的颜色：红、绿、蓝、黑、白、棕色。

10. 能够大声地数到 20，在教师帮助下以 10 为单位能数到 100。（10、20……100）

11. 能够正确地点数 10 以内的物体。

12. 能够认识并说出元音和至少 15 个辅音。

13. 能够从图画中辨别出印刷体的字词。

14. 能够说出一个词，以某种方式使其与所给出的词押韵；能辨别两个词语是否押韵；或者能够完成一个不熟悉的儿歌填写韵脚。例如，"我有一只小狗，她的名字叫妞妞，我发现她坐在（　　　）。"

15. 能试读由四个或四个以上字母组成的词，能够保证印刷的词与口语保持一致。例如，教师说："这是什么词？"儿童："猫。"教师："是否它就是'汪—汪'？"儿童："不，它是'喵喵'。"

以上 15 个教学目标中，绝大部分和语言发展有关，其中前 9 个都是在日常生活中经常使用的词语和句子，第 12 个到第 15 个目标又涉及儿童语音发展和阅读能力，只有 10 和 11 两个目标是为了发展儿童的数学技能。因此，不难看出贝瑞特—恩格尔曼课程对儿童语言发展的重视。

在决定具体的课程内容时（应该选择哪些内容作为载体来培养儿童语言、阅读和算术技能），贝瑞特和恩格尔曼事先对小学一年级的学习内容进行了考察，从而决定在学前学校中应该为儿童准备哪些内容；与此同时，他们也参考了斯坦福大学的比奈智力量表中的测试内容，来确定儿童应该掌握哪些"概念内容"。最终，他们确定课程的概念内容应该包括颜色、大小、形状、方位、数字、排序、分类、动作、用途、材料、部分—整体关系这些概念。[1] 这些概念的内容都蕴含在具体的教学过程之中，仔细分析上面列出的 15 个教学目标，就可以发现这些"概念内容"的痕迹。例如，关于辨认颜色，在第 9 条目标中明确提出来了，而且像 2、6、7、8 各条教学目标中所列举的活动都与颜色有关。以此类推，其他概念也可以通过上面所列举的方式传授给儿童。

贝瑞特—恩格尔曼课程十分注重教学方法，他们认为其他大部分学前课程都只是关注课程内容的选择，在实施的过程中由于过于强调儿童的自主性而忽视了教师的教学。贝瑞特—恩格尔曼课程的教学方法有五个突出特征：[2]

第一，快速前进。在 20 分钟的课里，教师会提出五种或者更多不同种类的任务，每个儿童都可能做出多至 500 个反应。

第二，与任务无关的行为被最小化。教师和儿童的工作都是任务型的。教师会有意识地把儿童自发的交流最小化。

第三，强调言语反应。儿童经常会一起做出一致的反应，以便每一个儿童全部的"输出"都能最大化。

第四，课程包括那些精心安排的、小步伐的教学单元以及持续的反馈。尽管教师不鼓励"无关的交流"，但是教师对于可能出现的

---

① ［美］戈芬、威尔逊：《课程模式与早期教育》，李敏谊译，教育科学出版社 2008 年版，第 135 页。

② 同上书，第 135 页。

困难非常敏感，同时快速纠正错误，同时还可以预见并防止误解。

第五，课程需要学生肩负沉重的学业负担。教师要求儿童全神贯注，努力学习。教师还要对儿童的思考做出奖励。

以语言课程为例，在语言课程中教师精心设计了五个基本的教学步骤（分别是逐字重复、回答是—否问题、判断定位、描述事物、推论性问题），通过直接教授的方法让儿童掌握进行逻辑思考必不可少的句子结构。贝瑞特—恩格尔曼课程支持者们信奉的一个假设就是：语言建构了思维，当儿童能够使用合理的语言结构进行表述的时候，就表明他们已经具备了相应的推理能力。反之，如果儿童不能够使用推理类的语言，则代表其还无法进行逻辑思考。① 因此，教师根据任务的难易程度安排语言教学过程，从复述简单的句子到用完整的句子判断事物之间的关系。下面来看一个教学案例。②

1. 逐字重复

教师：这是一辆小轿车。

儿童：这是一辆小轿车。

教师：这不是一辆小轿车。

儿童：这不是一辆小轿车。

2. 回答是—否问题

教师：这是一辆小轿车吗？（手里拿起一辆玩具小轿车）

儿童：是，这是一辆小轿车。

教师：这是一辆小轿车吗？（手里拿起一辆玩具大卡车）

儿童：不，这不是一辆小轿车。

① ［美］戈芬、威尔逊：《课程模式与早期教育》，李敏谊译，教育科学出版社 2008 年版，第 137 页。

② Caro Seefeldt, *Curriculum for the Preschool-primary Child*: *A Review of the Research*, Columbus, Ohio: Charles E. Merrill Publishing Co. , 1976, p. 30.

3. 判断定位

教师：这是交通工具。

儿童：这是交通工具。

（教师拿出各种类型车玩具，如自行车、摩托车、小轿车等，进行展示，并让儿童指出这些物品是交通工具）

教师：这个餐叉不是交通工具。

儿童：这个餐叉不是交通工具。

（教师拿出多种不是车类的物品和玩具，反复重复，让儿童指认）

教师：小轿车是交通工具吗？

儿童：是，小轿车是交通工具。

教师：餐叉是交通工具吗？

儿童：不，餐叉不是交通工具。

4. 描述事物

经过这样的练习模式后，教师给出一个关于交通工具的明确定义。他可能会说，交通工具都有轮子，你可以坐在它里面或者骑在它上面。如果一个儿童犯了错误，将风筝反应为交通工具，那么教师会向他提问关于交通工具的定义。他们可能会做如下练习。

5. 推论性问题

教师：风筝有轮子吗？

儿童：没有。

教师：你可以骑在风筝上或者坐在风筝里面吗？

儿童：不可以。

教师：风筝是交通工具吗？

儿童：不，风筝不是交通工具。

阅读和算术课与语言课相类似，也是通过重复的、模式化的教学来使儿童学习一些概括性规则。这种快节奏、高强度、强调反复强化和练习的学术导向教学模式曾遭到了很多人的批评和质疑，韦伯曾这样写道：

"……这种机械化的方法并没有给情感、敏感性、创造力或者学习中的自主感留下任何发展空间。"① 但贝瑞特等人却对此不以为然，他们有着自己的一套逻辑，他们认为只有学业上的成功才能带给儿童情感上的愉悦。针对这种反对之声，贝瑞特做出了这样的回应："相反，我们关注儿童，我们认真考虑了儿童的情感未来，就如同我们认真考虑了儿童的学业未来一样。正是因为我们关注儿童情感稳定性，我们才如此努力地仔细规划学生的技能发展——以便让学习成为一种不那么令人沮丧的体验。"② 这种高度结构化的、学术取向的课程在当时非常流行，取得了出人意料的成功。

（三）高瞻课程与凯米—德弗里斯课程的理念与实践

1. 高瞻课程理论与实践的发展历程

（1）以认知发展阶段论为基础时期

20 世纪 60 年代初，韦卡特（David P. Weikart）在美国密歇根州政府的财政支持下，在美国密歇根州伊普西兰蒂公立学校系统（Ypsilanti Public School System）中的佩里学前学校（Perry Preschool）设计了一套认知导向的学前课程（即后来著名的高瞻课程），用来帮助贫困儿童做好入学准备，减少他们在学业中的失败。这也是美国"开端计划"开始实施后，第一批专门针对贫困儿童开发的"补偿教育"课程方案之一，引起了人们的广泛关注。

韦卡特等人在最初进行课程试验探索时，将为儿童做好学业准备视为最重要的课程目标，课程内容就是那些被认为对儿童在入学准备方面很有作用的知识和读、写、算等技能，课程实施过程主要表现为教师与儿童之间说教式的互动。这样的课程组织形式反映出了课程设计者们对"学前课程应该怎样做好入学准备"这一问题持有相当传统的看法，他们并没有更好的、更新颖的消解问题的方式。随后，皮亚杰关于认知发展研究的著作被翻译介绍到美国，深深吸引了韦卡特和佩里学前学校的教

---

① ［美］戈芬、威尔逊：《课程模式与早期教育》，李敏谊译，教育科学出版社 2008 年版，第 127 页。

② 同上书，第 128 页。

师们，他们尝试着根据皮亚杰的认知发展理论来开发设计新课程。在皮亚杰理论的影响下，佩里学前学校的课程由强调知识灌输和学业技能训练转变为重视儿童认知发展。

在 20 世纪 60 年代中后期，认知导向课程主要以皮亚杰认知发展阶段论为基础，希望教育能够加速儿童认知发展，促使儿童思维从一个阶段更快地过渡到另一个阶段。韦卡特等课程研究者将皮亚杰的研究结果直接作为课程目标的来源，并根据日内瓦研究的主题划分了课程目标的四个方面：分类、排序、时间关系和空间关系。[①] 教师们尝试着将皮亚杰经典实验任务作为主要的教学内容引入课堂之中，训练儿童的逻辑思维，使儿童掌握一些所谓的"皮亚杰式技能"（Piagetian skills），具体说来主要包括能够对物体进行分类、给不同大小的物体排序、说出内外远近等关系以及给事物进行时间上的排序，等等。[②] 这一时期课程设计者们关注的主要是皮亚杰理论中对儿童认知发展阶段的划分和对结构的描述，可以说，这时人们对皮亚杰理论的理解还是流于表面、比较肤浅的，并没有深刻认识到皮亚杰认知理论的核心与精髓。因此，20 世纪 60 年代的认知导向课程明显地带有认知技能训练的倾向。

（2）以建构主义认知发展理论为基础时期

1970 年，韦卡特离开了伊普西兰蒂公立学校，另外组织成立了高瞻教育研究基金会（High/Scope Education Research Foundation），其最终目标是希望促进所有儿童的学习和发展，继续研究和探索学前课程成了高瞻教育研究基金会的一个不容推卸的使命。至此，韦卡特等人设计的认知导向课程开始被称为"高瞻课程"。20 世纪 70 年代中后期，高瞻课程开始吸收皮亚杰认知发展理论中的建构主义思想，领悟了皮亚杰所指出的认知发展是主体与客观环境不断相互作用的结果，知识的获得要依靠个体积极主动的建构，或将新信息同化到自己原有认知结构之中，或改变自己的认知结构来顺应新的信息，正是在不断同化与顺应的过程中，实现了认知的发展。高瞻课程的设计者们意识到这些，就不再去生搬硬套皮亚杰认知发展阶段理论了，而是将其建构主

---

① 朱家雄：《建构主义视野下的学前教育》，华东师范大学出版社 2008 年版，第 36 页。

② 同上。

义认知发展观应用到课程设计之中。于是，20 世纪 70 年代后的高瞻课程以皮亚杰的建构主义理论为基础，以"主动学习"为课程设计核心，要求儿童主动操作材料、积极与他人和环境互动，建构新的认知。

高瞻课程的最终教育目标仍然是促进儿童逻辑思维能力的发展，尤其是皮亚杰热衷于研究的几个领域中的推理能力。但从微观的层面来说，也发生了一些较为明显的变化，首先表现为在原有目标的基础上增加了主动学习、语言、经验和表征、数概念等四个方面的目标；进一步来说，每一个目标领域下面的子目标也发生了变化①。例如，空间关系的目标增加了装拆物体、重新安排和改变物体在空间的位置、从不同的空间角度观察和描述事物等；时间关系的目标则拓宽到包括观察季节变化、认识钟表和日历等。这些目标显示出了高瞻课程对儿童认知能力发展的重视。尽管后来高瞻课程逐渐重视社会性和情感的发展，但这仅因为经研究发现社会性和情感发展对儿童学业成功有重要意义，才把其作为促进儿童智力发展的策略；而且认为社会性和情感的发展只能通过间接的方式培养，它们只是认知发展的积极副产品。

高瞻课程内容由能够促进儿童认知发展的"关键经验"所决定。所谓关键经验，是韦卡特等人根据皮亚杰的认知建构理论和其所论述的学前期儿童最为重要的认知特征而提出来的。关键经验被分为主动学习、语言运用、经验和表征、分类、排序、数概念、空间关系、时间等八大领域。其中每一领域又进一步被划分为各种类型的学习经验，这八大领域共包含了 49 条具体的关键经验（到 1995 年，高瞻课程方案已扩展为 10 大领域 58 条关键经验）。综观其所列出的各种关键经验，很容易发现几乎所有的内容都是与认知的发展密切相关的，而有关情感与社会性方面内容则少之又少。需要说明的是，这些具体的关键经验既不是直接的教学目标，也并不是具体的学习内容，而是为教师选择活动内容提供参考的依据，帮助他们对如何组织课程进行思考。正如有学者指出的那样："关键经验不是作为教学和特定活动的'菜单'，而是教师了解儿童活动中的知识内容和智力过程的提示物，它给教师实施方案提供一种方式，

---

① 朱家雄：《建构主义视野下的学前教育》，华东师范大学出版社 2008 年版，第 37 页。

把教师从对工作手册和工作程序表的遵从中解脱出来。"① 教师们往往会借助关键经验的清单来判断他所设计的活动是否能促进儿童认知发展。

在课程实施方面，这一时期的高瞻课程开始强调儿童与周围环境、教师的积极互动，促进儿童认知的发展不再依靠教师的直接传授与训练，而是靠儿童自己的主动探索。韦卡特等曾这样描述：在采纳"关键经验"这个术语的过程中，高瞻课程方案强调教师们应该不断提供新材料并创设富有挑战性的情境促进儿童思维的发展，而不是为了推动儿童的认知水平从一个发展阶段进入下一个发展阶段，简单、精确、准时地实施干预方案。② 在课程实施过程中，教师已经从教学任务中解放出来，与儿童一起分享学习经验，教师所扮演的角色是观察者、支持者和引导者，教师对儿童有目的的提问和引导是促进儿童认知发展的重要手段。高瞻课程并没有固定教学大纲，却有一个程序化的流程来引领着儿童主动学习，高瞻课程将一日活动划分为固定的几个时段，分别是：小团体活动时间；计划—工作—回顾时间；集体活动时间；环节转换时间；午餐与休息时间等。无论在哪一个环节之中，都十分强调儿童学习的积极主动性。下面以"计划—工作—回顾"这个最重要的环节为例。

在"计划—工作—回顾"这个最重要环节中，第一步是做计划，需要儿童想好自己一天活动的计划，并与老师讨论，教师向儿童提问有关计划的具体内容以及如何实施计划等问题，同时教师还可以给儿童提出合理建议，目的是使儿童的计划更加清晰，目标更明确，避免盲目性。接下来，第二步就是工作时间，儿童做好计划后，就可以开始实施计划了。儿童为了实现自己的计划而不断做各种尝试和探索，或者去与同伴交流；而教师需要对儿童活动耐心观察，适时加入进去并给予帮助，精心创设各种问题，让儿童来回答或解决，从而锻炼儿童解决问题的能力或者巩固儿童已经获得的知识。工作完成后的整理材料时间是对儿童进行分类技能训练的最好时机。第三步是回顾，让儿童们聚集在一起，一起分享、讨论他们之前做过的工作。教师可以启发儿童回忆已经做了什

① 朱家雄：《建构主义视野下的学前教育》，华东师范大学出版社 2008 年版，第 37 页。

② Hohmann, M., & Weikart, D. P., *Educating Young Children：Active Learning Practices for Preschool and Child Care Programs*, Ypsilanti, MI：High/Scope Press, 1995, p. 300.

么，是如何做的，在这过程中遇到了哪些困难，又是怎么解决的。回忆采用多种方式，儿童可以用语言也可以用图画来表达。回忆有助于儿童将计划、行动和行动的后果联系起来，更清楚自己的计划和行动，使思维得到锻炼。

从上面的描述中，可以明显地看到皮亚杰建构主义理论的痕迹，在整个活动过程中，儿童都是处于主导地位，这说明高瞻课程的设计者深深地接受了"认知发展要靠个体积极主动建构"这一理念。但在这个过程中，教师的支持和引导是非常重要的。首先，教师需要根据"关键经验"的清单在每个活动区里都放置丰富的操作材料，为儿童创造更多的选择机会；其次，教师要帮助儿童制订更切实可行、有重要意义的活动计划，还要有目的地对儿童进行提问，鼓励儿童积极思考，促进儿童认知发展；最后，教师还要组织引导儿童进行回忆，并通过各种符号将回忆过程呈现出来与大家分享。总之，高瞻课程对教师提出了很高的要求，在课程实施过程中，师生之间的互动是至关重要的，教师需要在动态的过程中创造一种平衡：那就是使活动既符合儿童的兴趣，又能使儿童获得关键经验。

下面是一个采用高瞻课程方案的学前学校的一日活动。[①]

"种植生命树学校"典型的一日生活

这一天从"问候时间"开始。当教师开始进行一个著名的动物表演游戏时，儿童们聚集在一起，并且立即参与进来。然后，教师建议儿童围成一个可移动的圆圈。两个儿童不想成为动物，教师建议他们可以成为"观众"。他们坐在椅子上进行观看。儿童们建议模仿大象、熊、美洲鳄鱼等动物。儿童们假装成动物在观众前列队行进，并且伴随着音乐进行前进。在问候时间结束时，教师建议，当他们转移到下一项活动——小组活动时，儿童选择一种动物进行模仿。在小组活动期间，儿童使用教师已经带进教室的能被反复利用的材料，还有他们前一天采集到的松果，来实现他们活动选择上的"创新"。

---

① ［美］莫里森：《当今美国儿童早期教育》（第八版），王全志等译，北京大学出版社2004年版，第148页。

当完成小组活动之后，制订计划的时间开始了。在这段时间里，教师让更加年幼的儿童，通过他们在自己的游戏中将要使用的材料，来引导他们做出计划。她让年龄大一些的儿童去画出或者摹写代表他们打算去游戏的区域的符号或者字母（每一个游戏区域都标上含有一个说明本区域的简单图画标记与单词的标志）。为了说明自己的计划，3岁的查理拿着一块小的空心木块，把它带到教师面前。"我想要制造一辆火车，就这么多。"他说道。4岁的阿佳（Aja）带着一件衣服与一卷带子，"我想到游戏室中成为妈咪，然后我想到艺术区用带子制作东西。"她解释道。5岁的阿什丽向教师展示她画出的桌子，以及她在桌子上盛米饭的勺子。

在"手工工作"期间，教师参与到儿童的游戏之中。开着查理的火车，一个教师向塔莎展示如何使用数字3—5来制作火车票；一个教师加入到两个玩棋盘游戏的儿童之中，并且在阿佳解释她如何用带子与盒子制作洋娃娃床的时候认真倾听；一个教师帮助尼古拉斯与查理通过谈判来解决一块木块的纠纷，鼓励他们倾听与提出问题，直到他们同意其中的一个解决方法。儿童在游戏时，他们积极地参与到解决问题的过程之中，积极地参加到很多"高瞻"的"关键经验"之中。教师使用"关键经验"作为指导，以此来理解发展、计划活动、描述思想和参与儿童的游戏活动。

在"回顾总结"的时间里，儿童聚集在一起围成一个圆圈组成一个小组，成员还是他们在制订计划时组成小组的那些人。查理叙述他们使用木块制造火车的经验；尼古拉斯描述了他在游戏中所使用的特殊"棍棒"；阿佳展示她的洋娃娃床，塔莎描述她的"车票"。小吃之后，儿童们穿上外套，开始讨论他们将在室外要从事的活动："让我们收集更多的松果。我们能够把它作为美洲鳄鱼的食物"；"让我们去荡秋千。我刚刚学会如何摆"；"让我们看一看我们能不能在岩石底下找到更多的小虫。它们在那儿过冬"。教师做出反应："我愿意帮助你去寻找小虫。"

2. 凯米—德弗里斯课程的理论研究与实践探索

凯米（Kamii）是美国阿拉巴马州立大学伯明翰校区的教授，在20世纪60年代初期，曾经做过高瞻课程创始人韦卡特的研究助理，参与了儿童认知导向课程的设计。20世纪60年代中期，凯米获得博士学位之后去了日内瓦大学，追随皮亚杰一起做研究，后又追随著名心理学家科尔伯格学习。1967 年，凯米回到伊普西兰蒂公立学校，并设计了一套与早期高瞻课程相类似的学前课程，以帮助处境不利儿童能够取得学业成功。

到了 20 世纪 70 年代，凯米的课程设计理念发生了重大转变，从皮亚杰认知发展阶段论转向建构主义理论。这一变化的重要诱因是凯米在1970 年这一年遇到了两个至关重要的人：一个是皮亚杰的研究合作者辛克莱尔（Hemina Sinclair），他指出皮亚杰从未想过要将他的实验任务直接应用到教学实践之中，成为"教导性的模式"。① 正是辛格莱尔的提醒使凯米意识到这种"照抄照搬"式的课程存在着一定的问题，皮亚杰只是通过实验客观描述了儿童在不同年龄阶段的认知发展特点，并没有指出如何才能促进儿童认知从一个阶段发展到另一个阶段。另一个人是来自伊利诺伊大学芝加哥校区的里塔·德弗里斯（Rheta DeVries），凯米在1970 年开始与德弗里斯合作，德弗里斯认为关于儿童认知如何发展这个问题，可以从皮亚杰的建构主义认识论中找到答案，从此他们不再将课程设计的重点放在皮亚杰的结构论上，而是开始强调皮亚杰理论中的建构论，并逐渐加入科尔伯格的道德发展理论，形成凯米—德弗里斯课程（Kamii-DaVries）。②

凯米—德弗里斯课程的理论基础从阶段论转变为建构论，使得课程目标随之发生了变化。凯米—德弗里斯课程不再像从前那样，单纯强调认知发展，以便为儿童入学做好学业准备，而是重视认知和情感的共同发展。凯米和德弗里斯指出，她们提出的社会情感目标是根据皮亚杰建构主义理论演绎而来的，因为这些社会情感方面的特征是建构知识所不可缺少的。凯米和德弗里斯认为，不存在没有情感成分的认知，也不存在没有认知成分的情感，认知与情感的关系是情感可以加速、延缓或阻碍认知的发展。③ 凯米—德弗里斯课程提出了如下目标：④

---

① 简楚英：《学前教育课程模式》，华东师范大学出版社 2005 年版，第 65 页。

② 同上书，第 66 页。

③ 朱家雄：《建构主义视野下的学前教育》，华东师范大学出版社 2008 年版，第 70 页。

④ 同上。

（1）社会情感目标

① 让儿童与成人保持一种非强制性关系，逐渐增加自主性

② 要求儿童尊重他人的情感和权利，并开始与他人合作（通过去自我中心和协调不同的观点）

③ 培养儿童的机敏性和好奇心，并能主动去满足好奇心，具有相信自己能解决问题的能力，并能自信地表达自己的想法

（2）认知目标

① 让儿童提出种种想法和问题

② 让儿童将事物放在关系之中去考虑，注意它们的相似性和差异性

其中，社会情感目标领域中的第一个小目标的目的是想通过培养儿童道德的自主，来锻炼儿童智力上的自主。因为皮亚杰在《儿童的道德判断》一书中曾表露过这样的观点：没有智慧上的自主，也就没有道德上的自主；反之，没有道德上的自主，也就不会有智慧上的自主。自主性本身就既是社会性的，同时也是智力的。如果儿童在社会行为方面已经习惯做一个他律者，那么在智力方面也就失去了主动建构的能力与信心。

第二个小目标则是希望通过培养儿童与同伴之间的积极互动、合作的能力以及观点采择能力，进而促进认知发展。皮亚杰认知建构主义学习理论的核心是"认知冲突"，同伴间相互交往是一种平等的关系，由于同伴的知识结构和自己的知识结构之间存在着差异，引起了认知冲突，从而导致了一种不平衡的状态；处于同等地位的不同个体通过对话和讨论，使认知结构发生改变，恢复到一种新的平衡状态。

第三个小目标与儿童的学习更加密切相关。根据建构主义理论，学习是新旧经验发生冲突，学习者积极主动建构新的认知图式，从而促使观念转变和认知结构重组。机敏性、好奇心和信心是儿童在活动中积极主动与周围环境相互作用的必要条件，只有儿童在强大内在动力的推动下，学习才能发生。

从那两个认知发展目标中，也可以看出其对皮亚杰建构主义理论在

更深层面上的解读。相对比高瞻课程对教师提问的重视来说，主张儿童自己提出各种问题则进一步凸显了儿童在学习中的自主性，而"自主性"（Autonomy）恰恰是皮亚杰理论中一个非常重要的概念。第二点目标中所陈述的"希望儿童将事物放在关系之中去考虑"，则是源于建构主义所蕴含的反对孤立、片面地看待问题，主张事物是普遍联系、相辅相成的理念。

凯米—德弗里斯课程内容主要来源于保育学校的传统活动、日常生活中的经验和根据皮亚杰理论来选择和编排的内容。传统活动主要包括听故事、扮演游戏、绘画、搭积木、唱歌、奏乐器，等等，在此这些活动都被赋予了新的意义，它们不是教师凭直觉随机选择的，而是在强大的、富有解释力的建构主义理论支持下开展的。例如，绘画的作用不再是情感的宣泄和欲望的表达，而是发展儿童的空间知觉和符号表征能力。在所有的传统活动中，凯米和德弗里斯最为重视的就是团体游戏，在他们看来团体游戏能够满足社会情感目标中所涵盖的范围，可以同时促进儿童社会行为、认知与情感的发展。

将日常生活中的经验作为学前课程内容是美国一贯的传统，像户外活动、午餐和休息时间都存在着大量教育儿童的契机，凯米和德弗里斯也毫不例外地将这些环节作为课程实施的内容和途径，来使儿童获得知识，促进思维的发展。例如，儿童对食物的观察、触摸和品尝可以使其了解食物的物理特性，对餐具的分配则可以发展儿童的逻辑数理智能。

根据皮亚杰理论推理演绎出来的内容主要是指关于物理知识的活动。根据皮亚杰的理论，处于学前期的儿童认知发展处于前运算阶段，这一时期思维主要依靠直接身体动作，而且不光是物理知识，数理—逻辑知识的获得在很大程度上也要依靠儿童对物体的操作。因此，凯米—德弗里斯课程比较重视物理知识活动。所谓物理知识活动主要包括儿童采用动作作用于物体的活动（例如踢皮球、吹泡泡）、观察物体变化的活动（例如观察冰雪融化）以及将两者结合在一起的活动（即需要儿童采取某种动作作用于物体，但物体的变化却并不是儿童动作带来的，而是由自身性质决定，如做关于物体在水中沉浮的小实验等）。[1] 在以上活动中，

---

[1]　朱家雄：《幼儿园课程的理论与实践》，华东师范大学出版社 2010 年版，第 150 页。

儿童通过自己的动作来建构着关于世界的物理和数量逻辑知识。

凯米—德弗里斯课程并没有专门列出培养儿童读、写、算等技能目标和内容，而是将其融合在上述目标和内容之中。他们认为读、写、算技能的培养不能靠强化训练，同样也要通过儿童主动建构而获得。因此，凯米—德弗里斯课程将"数"的问题自然而然地放在户外活动、午餐时间等环节中，当儿童面临着分配材料、清点物品等现实问题时，不可避免地要思考"数"的问题；阅读和拼写则会安插在团体游戏、扮演游戏等活动中。

综上所述，凯米和德弗里斯坚持运用皮亚杰的建构主义理论，对传统保育学校所包含的各种活动做了全新的考察，并根据其推理演绎出独具特色的物理知识活动，赋予了传统教育活动新意义，丰富了皮亚杰理论的内涵，同时也是用具体的实践形式对皮亚杰理论的一种阐释。在很长一段时间里，该课程都被认为是最为正统的皮亚杰课程，创设者本人也自认为已经全面而深刻地理解了皮亚杰理论的内涵。

20 世纪 60 年代，政府和公众对学前教育投入了极大的热情，尤其在"开端计划"的影响下，学前教育者们积极开发设计各种新课程。"开端计划"给了各个地方项目以很大的灵活度，并没有限定所有课堂上都使用的一套标准课程，它们可以自行设计和实施课程，但在当时最为典型的就是上述三种类型的课程以及复兴蒙台梭利课程。从宏观的发展趋势来看，20 世纪 60 年代课程变革的主要特点是：第一，课程注重儿童智力发展。尽管不同课程有着不同的理论基础、课程内容以及实施策略，但它们的共同目标都是促进儿童认知能力发展，帮助其做好入学准备。第二，受向贫困宣战等运动影响，课程专门针对贫困儿童而设计。当时美国联邦政府认为他们有能力通过学前教育来消灭贫困以及把社会不平等最小化，这种乐观主义基调是建立在当时对学前期重要性认识的基础上的。正是因为国家把改变贫穷的目光聚焦在了学前儿童身上，所以很多儿童心理学家改变了他们的研究目标，把实验对象从中产阶级白人儿童转移到贫困家庭的儿童。在开发设计学前课程过程中，是儿童心理学家并不是学前教育者们担当了此次学前课程改革与试验的领导者，他们专门为贫困儿童设计了课程，对其进行补偿教育。第三，此次课程改革具有颠覆性。20 世纪 60 年代成了美国学前教育史上一个独特的发展时期，各种各样的实验性课程如雨后春笋般涌出，不同课程在理念上和实践中都存在着严重分歧。课程巨变导致了学前教育领域的瓦解，失去了统一的官方声音来支持某种课程，可以说，"自从开端计划执行之日起，学前教育机构便力图采用多种课程方案，探求优质的课程模式以其促进处境不利儿童的全面发展"①。

四　"求同存异"：三种课程模式的比较分析

尽管在 20 世纪 60 年代到 70 年代的十年里，各种流行的课程方案都表现出了一种主智主义倾向，并强调儿童发展的工具价值；但是具体说来不同的课程方案在理论基础、目标、内容、实施等方面存在着很大的差异。

（一）课程理论基础：混合理论、行为主义、建构主义

自从 20 世纪初开始，心理学就成了学前课程的主要理论基础，成为促进学前课程向前发展的主要动力源泉。进一步细致划分，影响学前课程的心理学可以分为发展心理学和学习心理学两个维度，前者为课程的设计、编制和实施提供儿童心理发展的规律，后者则提供儿童学习动机和学习过程等方面的信息。

露西·米切尔、比伯等人主要从发展心理学的视角出发，融合了精神分析心理学、杜威的教育思想，以及皮亚杰的认知发展理论，以儿童身心发展规律与特点为依据，通过长期的实践探索而逐渐形成了发展—互动课程；贝瑞特和恩格尔曼是从学习心理学的角度来设计课程，受行为主义心理学影响，他们将学习过程看作通过外部的强化刺激，使学习者做出正确的行为反应，并且逐渐形成稳定的行为方式，贝瑞特—恩格尔曼课程就是建立在行为主义学习理论基础上；高瞻课程和凯米—德弗里斯课程则是以皮亚杰的认知理论为基础，皮亚杰的认知发展理论体系中既包括了认知发展阶段论，又涵盖了建构主义知识论。似乎可以这样

---

① 宋秋英：《20 世纪 90 年代以来美国学前读写教育改革动向之管窥——基于对"开端计划"改进措施的分析》，《外国教育研究》2010 年第 6 期。

概括，以皮亚杰建构主义认知理论为基础的课程，是从学习心理学与发展心理学双重视角来看问题。对于学前教育领域来说，这一视角的转变具有非常重要的意义。因为在学前课程设计的过程中，只有在考虑儿童身心发展阶段特点的同时也注意到儿童的学习方式，才能有助于课程实现既满足儿童自然发展需要，又能促进儿童智力的发展。否则，在课程设计的过程中很容易发生偏颇，或者倾向于以儿童为中心，或者倾向于以知识为中心。

（二）课程根本目标：全面发展、认知发展、学业技能

所谓课程根本目标，是从宏观层面出发来谈，这一层次的目标与课程的关系是泛化的、具有导向性的，渗透在课程设计的各个方面。

虽然在 20 世纪 60 年代，在种种因素的作用下，美国掀起了一股开发学前儿童智力的浪潮，但并不是所有的课程都要与时代主流保持绝对的一致。尽管随着社会需求的改变以及理论基础的不断充实与丰富，发展—互动课程也发生了一些变化，但其仍然坚持要注重儿童认知、情感和社会性的全面发展。正所谓历史是割不断的，与儿童研究运动以及进步主义教育运动一脉相承的发展—互动课程一直坚持着原有的立场：学校应该是促进儿童健康发展的中介，而不仅仅是一个学习基本认知技能的简单场所，教育的最终目标是为了促成民主社会的形成。[①] 但在那个年代，这种全面发展的目标与当时社会的大环境是不太相容的。虽然"发展儿童智力，帮助儿童做好入学准备"成为大势所趋，但不同的主智主义课程仍有不同的目标，其中以皮亚杰理论为基础的高瞻课程和凯米—德弗里斯课程的目标是为了促进儿童认知发展，即锻炼儿童的一般智力；以行为主义为指导思想的贝瑞特—恩格尔曼课程则是希望能直接传授给儿童读、写、算等方面的学业技能。

当时，由于政府和公众对进步主义教育运动的反对，发展—互动课

---

① Cuffaro, H. K., Nancy, & Shapiro, E. K., "The Development-interaction Approach at Bank Street College of Education", in Jaipaul L. Roopnarine, & James E. Johnson (eds.), *Approaches to Early Childhood education* (4th Edition), Upper Saddle River, New Jersey: Pearson Education, Inc., 2005, p. 282.

程的目标被视为一种过时的价值观；而贝瑞特—恩格尔曼课程却被推到
历史舞台的中心，正是因为其目标的学术导向完全契合了当时社会对教
育的期望以及公众对儿童学业发展的高度重视。同时，以皮亚杰理论为
基础的课程也因其主导目标与社会需求相一致而得到了广泛的传播。

（三）课程内容选择：经验取向、知识取向、活动取向

课程内容是根据课程目标，有目的地选择的各种直接经验和间接经
验的总和。课程内容是课程的核心要素，它与课程目标有着内在的逻辑
联系，同时又影响着课程实施方式。关于课程内容的不同主张，主要决
定于对课程本质的认识。对课程的本质属性有三种不同的认识——课程
是经验、课程是知识、课程是活动。与之相对应的，对课程内容的理解、
选择和组织安排上也存在三种不同的取向，即经验取向、知识取向和活
动取向。

发展—互动课程更倾向于将课程内容视为学习经验，这种学习经验
取向的课程内容更强调与现实社会生活的联系，在选择内容时注重能够
帮助儿童接近社会、了解社会。发展—互动课程的倡导者们将课程看作
帮助儿童获得各种生存经验的机会，选择儿童日常生活中的经验和遇到
的问题作为主题，之后根据这一主题再辐射到其他相关内容。贝瑞特—
恩格尔曼课程在内容选择方面带有明显的"知识取向"，注重向儿童传递
读、写、算等基本的学业技能。例如，在语言课中注重让儿童掌握句子
结构、分辨语音；在算术课中儿童能够正确地数到 10 等；并通过调查小
学一年级的课程来分析儿童在学前教育阶段应做好哪些准备，较多考虑
了知识自身的逻辑性和系统性，如将数字、形状、分类、排序等作为课
程的核心内容。以皮亚杰理论为基础的高瞻课程和凯米—德弗里斯课程
的内容选择是以"活动"为取向的，强调儿童是主动的学习者，认为儿
童是在与周围环境相互作用的过程中获得发展。皮亚杰认为任何知识都
源于动作，学前教育者受其启示强调为儿童提供实物让他们动手操作。
以皮亚杰理论为基础的学前课程主要内容就是各种各样的活动，让儿童
在参与活动的过程中去探索和发现，如高瞻课程主要围绕八大领域的
"关键经验"由教师来组织和设计各种活动；而凯米—德弗里斯课程内容
则是传统游戏活动、日常生活活动和关于物理知识的活动。

总之，贝瑞特—恩格尔曼课程属于高结构的课程，它以儿童获得预设的知识和技能为主要取向，课程内容比较具体、固定；而课程内容的选择分别是经验取向或活动取向的发展—互动课程、凯米—德弗里斯课程以及高瞻课程等，则都属于低结构课程，课程内容则比较泛化，具有可变性，而且在具体课程实施的过程中内容具有选择性和生成性。

（四）课程实施过程：儿童主导与教师主导

尽管在表面上看，贝瑞特—恩格尔曼课程与高瞻课程、凯米—德弗里斯课程都是顺应时代而生的，它们都是专门为了对处境不利儿童进行"教育补偿"而开发的，致力于促进儿童的智力发展，为将来入学做好准备；相比之下，发展—互动课程似乎显得"形单影只"，它是为白人中产阶级儿童设计的保育学校课程的延续，更为注重的是儿童发展的内在价值，强调情感和社会性的发展。然而，在真实的课程实施过程中，高瞻课程和凯米—德弗里斯课程却是和发展—互动课程更为接近。因为它们都是主张发展儿童的一般能力，而反对直接的学业技能灌输。发展—互动课程的纲领性原则主要来源于进步主义教育思想，后来为了与行为主义的直接教学课程模式进行对抗，又吸纳了皮亚杰认知理论。比伯等课程领导者认为课程应该提供各种经验，让儿童在探索和解决问题的过程中获得各种知识，思维和推理能力得到发展。在这一过程中应该让儿童享有民主的生活经历，教师与儿童之间关系是平等的。在课程实施中，儿童完全居于主导地位，教师负责创造课堂氛围和学习环境，引导儿童围绕相关主题和材料进行活动，并对儿童在活动过程中的各种行为适时地做出反应和记录。与之相类似，在以皮亚杰理论为基础的课程的实施过程中，教师同样要为儿童创造诱导学习的环境和气氛、提供材料并鼓励儿童去解决问题，在整个活动的过程中，都在强调儿童的"主动学习"。在贝瑞特—恩格尔曼课程实施过程中，教师是作为儿童语言、阅读和算术等学业技能的训练者和强化者而出现的。在此课程中，教师主动对儿童施加教育影响，儿童只能被动接受。教师根据之前的课程计划，对儿童进行各种刺激与强化，使儿童掌握相应的学习技能，教师完全居于主导地位。

五 "一个时代的终结"：主智主义
课程思想的隐退

（一）主智主义学前课程遭遇降温的原因分析

积极开发与实验新课程的狂热大约持续了 10 年，到了 20 世纪 70 年代，美国联邦政府和公众对学前课程开发的热情有所减弱，这种变化主要来自于学术界的各种研究结果。

到了 60 年代末期，学术界开始对贫困儿童的智力测量结果以及"文化剥夺"等理论产生质疑。研究人员发现，用以中产阶级家庭儿童为模本制定出来的测试量表去检验贫困家庭的儿童是不适合的，而且在贫困家庭儿童非常陌生的环境下对他们进行测试也是有偏差的。例如，研究表明，对美国黑人儿童来讲，当由美国黑人测试者在非学校机构中对他们进行测试时，他们的语言表现得更为出色。[①] 这表明，认为贫困家庭儿童智力发展一律滞后的观点是有失偏颇的。

不仅如此，还有人对"开端计划"本身以及其依靠的理论基础提出了反对意见。教育心理学家詹森在一篇题为《怎样提高智力商数和学业成绩》（1969）的论文中，以确凿的证据雄辩地说明，在导致智商低的原因中，天生的遗传因素要比环境因素重要得多。该论文具体指出，包括"开端计划"在内的补偿教育在实践中是失败的，作为其理论基础的布鲁姆的环境决定论也是荒谬绝伦的。[②] 接下来，1969 年威斯汀豪斯学习研究中心发表报告，指出"开端计划"实施效果并不理想。他们经过追踪研究发现，参加"开端计划"的儿童拥有的智力优势到小学三年级时就不复存在了。《哈佛教育评论》也发表了一篇关于论述"补偿教育已被证明失败"的文章。这些研究结果一时间在美国引起了不小的波动，一部分学前教育者和心理学家认为这些研究结果是不客观的，但联邦政府却对

---

① ［美］普鲁纳林、约翰逊：《学前教育课程》，黄瑾等译，华东师范大学出版社 2005 年版，第 77 页。

② ［日］日本世界教育史研究会：《世界幼儿教育史》（下册），梁忠义译，吉林人民出版社 2001 年版，第 222 页。

此持肯定态度，减小了财政和政策上的支持力度。20 世纪 70 年代，随着参加工作的母亲人数增长，越来越多的儿童开始进入儿童看护机构，这也在一定程度上转移了学前教育者和发展心理学家的注意力，他们更加关注儿童看护中心对儿童发展的影响。与此同时，反对者认为主智主义课程过于重视认知发展，忽视了情感和创造性等方面，儿童在课堂中毫无乐趣可言，并没有真正的学习发生。在学前课程实践领域，出现了一股反"学业取向"的暗流，开始关注儿童身体、情绪、社会性等多方面的成长。

在以上种种因素的影响下，强调促进儿童认知发展和为学业做准备的主智主义课程思想渐渐被冲淡了，但 20 世纪 60 年代流行的各种主智主义课程并没有因此而消失，而是不断调整变化来适应不同时期的社会要求。就像前面所介绍的几种课程方案，发展—互动课程到 20 世纪 70 年代中后期之后，进一步将其关注点放在儿童心理健康和社会性发展上；贝瑞特—恩格尔曼课程后来也逐渐开始有意促进儿童情感和社会性发展，每天向儿童传授完学业技能之后也会剩下时间安排其他活动，而且该课程倡导者们一直坚持的理念就是，他们的教学方法能够培养学生积极的自尊，学业上的成就能够给儿童带来自信心，从这个角度来看，积极的自我概念是直接教学课程的副产品；以皮亚杰理论为基础的高瞻课程和凯米—德弗里斯课程则从最初以加速儿童认知发展为目的转变为促进儿童认知和情感的共同发展。

（二）美国学前课程的当代走向：在"学业取向"与"发展取向"之间摇摆

20 世纪 70 年代之后美国学前课程再未出现大的变革，仅是对之前变革主题的反复与融合，学前课程在"学业取向"与"发展取向"之间摇摆。

20 世纪 80 年代以来，针对学前课程长期效果的研究发现，学前教育补偿计划对儿童长期认知发展有好处，并带来一定的社会效益。这些方案为儿童以后的学习打下了至关重要的基础，也为儿童成为未来的劳动力提供了准备，同时还能减少犯罪。美国政府对学前教育的兴趣重新被燃起，并对课程领域给予了更多的关注。与此同时，面临着日本、西欧以及亚洲一些新兴国家或地区的崛起，美国产生了一种强烈的危机意识。美国民族的特点之一就是怀有一种未雨绸缪的精神，出现危机时往往对其渲染夸大，制造舆论以引起国人的重视。这种忧患意识毫无疑问地会折射到教育和课程身上，力图通过教育特别是课程的改革来"化险为夷"。面对教育质量没有提高、国际竞争日益加剧的严峻局面，美国于1983年出台了《国家在危机中：教育改革势在必行》的报告，其出发点是提高学生的学业成就，保证教育质量。1989年秋天，全国州长协会与当时的总统布什召开了教育首脑会议，商定了《2000年目标：美国教育法》，其中第一条就是要让所有儿童入学时有所准备。① 受以上因素影响，学前课程出现了小学化倾向，以提高儿童学业水平为价值取向，致力于使儿童做好入学准备。

　　针对这种趋势，由学者引领的学前教育领域里的最有影响力的民间组织——全美幼儿教育协会（National Association for Education of Young Children，NAEYC）的成员认为，教育者必须拒绝这样的观点，那就是儿童进入学校之前必须是有所准备的。相反的是，如果普遍致力于入学准备的话，对于儿童早期生活经历是一种不公平，因为儿童不得不为了学业的成功而做出努力。全美幼儿教育协会的立场是：学校是为学生做准备的，而学生不是为学校做准备的。为了扭转学前课程的"学业取向"，NAEYC发表了《适宜0—8岁儿童发展的教育实践》声明，该声明强调儿童发展是教育实践的基础和前提，课程要适宜个体发展差异和年龄特征。② 可以明显看出，NAEYC将其关注点放到促进儿童全面发展上，反对学前课程对学习技能的过分强调。我们知道，"发展适宜性教育实践"本身并不是一种课程，而是一种理念。正是这种理念在学前教育领域广泛传播，被许多学前教育机构演绎为教育实践，使学前课程具有明显的"发展取向"。

　　《适宜0—8岁儿童发展的教育实践》声明得到很多学前教育者的赞

---

① Andrews, S. P. & Slate, J. R., "Prekindergarten Programs: A Review of the Literature", Current Issues in Education, http://cie.ed.asu.edu/volume4/number5/ 2001 – 05 – 17/2010 – 09 – 05.

② 史大胜：《美国儿童早期教育的理念与实践探析》，《外国教育研究》2009年第5期。

扬和支持，但同时它也受到多方的批评与质疑，并面临着美国联邦政府的挑战。这个声明发布几年后，联邦政府颁布了以学科科目的方式制定的国家课程标准，从中、小学一直延伸到学前教育阶段。它是美国 20 世纪八九十年代"教育标准化"改革运动的产物，其旨在通过建立统一的课程标准，提高学生的学业成就。这使 NAEYC 陷入了一种尴尬的境地，其所主张的"发展取向"课程遭到了否定。进入 21 世纪以来，美国政府更加重视学前儿童的入学准备，签署了一系列的文件和法案，以保证这一目标的达成。例如，2001 年美国确立了《早期阅读首要计划》（The Early Reading First Program），并于同年签署了《早期学习机会法案》（*The Early Learning Opportunity Act*），这些都是美国联邦政府为帮助儿童做好入学准备而付出的努力。2002 年小布什总统又发表了一篇《良好的开端，聪明地成长》（*Good Start，Grow Smart*）的宣言，希望学前教育机构在阅读识字、数学、语言等方面有一定的教学标准，保证儿童入学前具备一定水准的阅读、语言和算术知识与技能。在美国政府的政策导向下，越来越多的学前教育机构中的课程显露出"学业化"倾向。

面临着强大外在压力，NAEYC 不得不对"发展适宜性教育实践"做出调整。NAEYC 在对其进行修正的过程中，一方面坚持"教育要促进儿童发展"这一原有立场；另一方面，也开始考虑"教育应为儿童以后的社会生活做准备"。NAEYC 意识到儿童需要获得知识和技能来应对未来社会的挑战。[1] NAEYC 不断修订"发展适宜性教育实践"的概念和内容，努力地促使学前课程实现"发展取向"与"学业取向"的整合。例如，1997 年再版的《发展适宜性教育实践》的指导方针中，曾明确写道："有效的课程计划往往要使传统的按学科为主题的分类糅合在一起，帮助儿童建立有意义的联系，为丰富的概念的发展提供机会，以一门学科为中心有时也是一种有效的策略。"[2]

学前教育的实践领域，各种各样的学前教育机构在接受美国政府的

---

① Bredekamp, S. & Copple, C., *Development Appropriate Practice in Early Childhood Program*, Washington, D. C.: National Association for Education of Young Children, 1997, p. 8.

② ［美］莫里森：《当今美国儿童早期教育》（第八版），王全志等译，北京大学出版社第 2004 年版，第 486 页。

政策和方略的同时，也会顾及 NAEYC 的立场和主张，努力调整现有课程使其符合《发展适宜性教育实践》的理念，尽力做到既能满足儿童发展需要，同时也为儿童入学做好准备。因此，很多课程方案都开始表现出既要促进儿童发展，又要为学业打基础的双重价值取向。

（三）美国政府与学者对学前课程关注的新焦点：对课程质量越发重视

21 世纪以来，世界各国都越发重视学前教育质量，很多国家在努力尝试建立学前教育质量监督与保障体系。其中，课程质量是教育质量的核心。美国也不例外，对课程质量越发重视，质量问题成为对学前课程关注的新焦点。"课程质量"包含的内容较广泛，既包括室内和户外空间的布置安排，材料的种类、数量等结构性质量，也包括活动设计与组织实施、儿童与教师之间的互动、时间规划与常规等过程性质量。当前对学前教育机构进行监督管理以确保儿童能享受到优质的课程，已成为美国联邦政府和各州政府的共识。

在过去的十几年里，美国各州政府逐步建立并推行了学前教育质量评级与提升系统（Quality Rating and Improvement Systems，QRIS），这是各州政府为提高学前教育质量做的一项重要工作。QRIS 的核心构成要素有 5 部分：质量标准、质量测量与评级、专业支持促进质量提升、财政激励、帮助家长识别和选择高质量的学前教育机构。质量标准是 QRIS 运行的起点，对学前教育机构的教育质量进行测量与评级，必须首先具备一套标准。在 QRIS 中，早期教育项目许可证是最基础的质量标准。在此基础上，QRIS 还包含若干更高层次的质量标准。[①] 之所以包含若干质量标准，是因为对教育质量进行测量，要有明确的可操作对象，这需要对其进行因素列举式理解，即将与提升教育质量密切相关的要素罗列出来，称之为质量要素（quality component），然后通过对各质量要素进行分析而制定出相应标准。当前，美国各州 QRIS 中的质量标准所涉及的质量要素与课程质量密切相关的是课堂环境。目前，有两套比较流行的质量测评

---

① 郭力平、谢萌：《美国早期教育质量评定与推进系统及其启示》，《幼儿教育》（教育科学版）2012 年第 5 期。

工具：一套是美国北卡罗来纳大学 FPG 儿童发展研究中心编制的 "幼儿学习环境评价量表"（Early Childhood Environment Rating Scale，ECERS）及其修订版（ECERS—R），经常被用来评价早教机构课堂环境整体质量，包括结构质量和过程质量；另一套是课堂互动评分系统（Classroom Assessment Scoring System，CLASS），这是专门用来观察和评价教师与儿童在课堂之中互动质量的评分体系，主要涉及情感支持、课堂组织、教育支持三个方面。这个量表关注的是课堂环境中的过程性质量。有了一套明确的质量标准之后，就需要选择合适的测量工具对学前教育机构的课程质量进行测量与评价。质量评价的过程应该是公开、透明的，学前教育机构管理者、教师以及家长对评价的整个流程都应具有知情权。如果仅仅对学前教育机构进行质量测量和评价，这并不一定会促进课程质量的提升，课程质量的提升还需要专业支持。专业支持主要包括教师培训和专业人员的现场技术援助（on-site quality improvement），帮助教师提升专业水平。除了专业支持，外部的资金支持对于提高学前课程质量是至关重要的，同时也是 QRIS 顺利运行的保障性要素之一。首先，有了财政补贴作为激励，才会有更多的学前教育机构自愿加入到 QRIS 中来。其次，有了资金支持，学前教育机构可以逐步提高各个方面的质量，保证为儿童提供优质课程。例如，可以通过提高工资待遇来聘用更多受过良好教育的、专业素养较高的教师或者选派教师参加培训，帮助他们接受继续教育获得更高的学历；可以购买更多的图书和玩具，改善课程资源；可以进行环境的改造以及基础设施的升级为课程实施提供保证，等等。最后，也是保证 QRIS 顺利运行非常重要的一个要素就是让家长深入了解 QRIS，获得早教机构的质量信息并懂得高质量早教对儿童发展的重要意义。在某种意义上，家长参与在整个 QRIS 中处于核心的地位。因为美国政府设计并推行 QRIS 的重要假设前提就是：为了儿童更好地发展，家长更倾向于选择高质量的学前教育机构，这就需要让家长获得更多的关于学前教育质量方面的信息；学前教育机构希望能够招收更多的儿童，就会有更强的动机去提升教育质量。最终，美国学前教育质量整体水平得到提高，保证所有儿童能够接受高质量的学前课程，在认知、情感等方面获得更好的发展，同时做好入学准备。

　　总而言之，QRIS 为提高学前教育质量提供动力与支持。QRIS 考虑到几乎所有与质量有关的因素，将它们统整到一个有序的政策框架中进行监控，成为得到美国联邦政府高度认可的监督与保障学前教育质量尤其是课程质量的政策机制。

第四章

美国学前课程演进之路的
回顾与省思

一 美国学前课程发展变革的外部推力

综观美国学前课程发展演进的历史，我们可以发现每一次大的课程变革都有着深刻的历史背景和现实因素，这即意味着每一次课程变革都并不是毫无预兆偶然发生的，而是经过很长一段时期的酝酿发酵，其背后一定有着多种推动力。

（一）社会需要：学前课程发展的原动力

任何一种课程，不管在创立初期多么完美，总不能一直适应不断发展的社会。不同时期的社会有不同需要，社会需要是引起课程变革的原动力之一。美国学前课程的发展变革正是源于其赖以存在的社会发展变化而带来的新需求。社会对学前课程的制约是生产力、政治氛围、文化背景等因素综合作用的结果。但相对其他教育阶段来说，这些因素对学前课程的制约往往更加隐蔽，以一种间接的、渗透性的方式来发挥作用的。

在19世纪末20世纪初期，随着生产力的发展，美国开始迈入高速发展的工业化时代，社会需要大批的掌握自然科学知识和生产技能的人才，处于资本主义上升时期的美国社会到处充斥着生机勃勃的进取精神，实用主义思想成了美国主流价值观，教育领域中掀起了一股追求科学化的浪潮。在这种社会大背景下，以理念主义哲学为基础的福禄培尔主义幼儿园课程无论是在目标上还是在内容上，都已经不能满足社会发展的需要，与那个时代的特征不相契合。尽管学前教育并不能像中等或高等教育那样，能够直接为当下社会培养和输送人才，但在种种因素的交叉作用之下，课程改革势在必行。到了20世纪二三十年代，先是由于经济的飞速增长而带来了美国人的盲目乐观，崇尚享受和自由的新个人主义、表现主义日益盛行，与之相伴随的是人们精神上的空虚与迷茫。很快各种打击又接踵而来，经济危机和二战的爆发，使美国人的心灵遭到了重创，精神疾病的发病率明显升高。于是，这一时期的学前课程很自然地把目光投向了儿童情感的发展。主情主义学前课程最初的流行更多是受社会文化的发展趋势的影响，到了后期则是为了培养具有健康人格的儿童，以便为整个社会的和谐稳定打下基础。随着20世纪60年代的到来，国家之间科技竞争加剧、国内种族冲突和贫富矛盾不断升级，为了国内外政治环境的稳定，美国人希望通过教育来提高儿童的智力和学业成绩，帮助处境不利儿童走出"遗传性贫困"的恶性循环，同时也有利于提高整个民族的科技素质，以保证在国际竞争中立于不败之地，因此学前课程开始强调重视认知发展和学业准备。自此之后，美国社会并未发生大的转折与动荡，与之相应学前课程也没有发生大的变革，只是在原有基础上随着社会发展走向而不断进行调整与修正。从当代美国联邦政府与NAEYC之间的博弈中，更可以窥视到社会需求对学前课程的强大影响力。

通过对美国学前课程发展演进历程的简单回顾可以发现，当社会发生变化时，课程一定会随之发生相应的变革以满足社会发展的新需求；同时，社会的发展也需要通过教育和课程的改革来推动。可以说，社会前进的步伐总是伴随着课程改革，社会需求是学前课程变革的原动力。

（二）理论更新：学前课程发展的方向盘

任何事物的产生与发展都要以一定的理论为基础，课程也不例外。课程的理论基础主要有哲学、心理学和社会学等。课程理论基础影响着课程目标的确定、课程内容的选择、课程实施过程以及课程评价，等等。可以说，课程与这些作为课程基础的学科有着密切而复杂的联系，每一个学科在不同的社会历史背景下，以不同的方式影响着不同的课程。[①]

　　20 世纪之前，课程的理论基础主要是哲学，最早在美国学前教育领域流行起来的福禄培尔幼儿园课程就是建立在理念主义哲学基础之上。当时制约着课程产生和发展的主要是哲学，不同哲学流派在认识论、价值论、人性观等方面有着不同的甚至对立的观点，这会直接或间接地制约课程理论，影响课程实践。课程差异实际上是哲学基础上的差异。例如，在先验主义的代表皮博迪那里，强调幼儿园课程最重要的目标是培养儿童的道德；黑格尔派的哈里斯认为幼儿园课程的目的是训练儿童自我活动的能力，成为理智的社会成员，为将来生活做准备；到了深受实用主义哲学影响的布赖恩、希尔那里，则更注重课程与现实生活以及儿童自然需要的紧密联系。但由于哲学本身具有高度抽象化和概括化的特点，使得它对课程的影响比较松散和泛化，不能形成完整的课程理论和课程实践模式，往往是通过作用于教育者们的教育思想或心理学理论而间接影响课程。

　　进入 20 世纪之后，儿童研究运动将心理学的研究成果引入了学前课程领域，已然从哲学中分化出来成为独立学科的心理学逐渐成了美国学前课程的主导理论基础。与哲学相比，心理学对学前课程的影响更加直接、明显和具体，很多课程的基本问题都可以直接从心理学中得到充分的支持和依据。对 20 世纪美国学前课程产生重大影响的心理学流派主要有行为主义心理学、精神分析心理学、成熟论、皮亚杰的认知发展理论等。在 20 世纪前期，行为主义心理学曾经是美国心理学界的主流，受其影响而将 "行为目标" 作为课程编制逻辑起点的行为课程在当时的美国学前教育实践领域备受推崇；当精神分析心理学和成熟论在美国传播开来的时候，美国学前课程开始主张赋予儿童极大的自由，重视儿童自然成长和心理健康，儿童内心欲望释放和情感宣泄被认为对维护儿童心理健康有着重要作用。20 世纪 30 年代到五六十年代的美国，以精神分析理论为基础的主情主义学前课程占据主导地位，其核心内容是自由游戏和艺术创作，这两种活动被视为儿童表现和表达情绪、情感的重要途径。与此同时，成熟论也对主情主义课程起到了推波助澜的作用，根据格塞

　　[①] 朱家雄：《幼儿园课程的理论与实践》，华东师范大学出版社 2010 年版，第 32 页。

尔的理论，教师应该重视儿童身心发展的自然状况，耐心地等待儿童成熟，不要人为地去促进儿童发展。因此，学前课程设计一定要尊重儿童的兴趣与需要。到了 20 世纪下半叶，皮亚杰的认知发展理论被大张旗鼓地引入，成为对美国学前课程影响最大的心理学理论。在那个课程改革运动风起云涌的年代，皮亚杰认知发展理论迎合了学前教育界人士希望促进儿童智力发展的需求，各种以皮亚杰理论为主要理论基础的学前课程方案不断涌现。

实际上，每一次课程演变的背后都隐藏着不同群体所信奉的不同的哲学理念或心理学理论，他们试图借助课程改革来重塑儿童，以达到自己的目的。心理学理论作为学前课程最直接、最重要的理论基础，决定着课程设计以及实施的走向与路径。例如，心理学理论对儿童现有身心发展特点和水平的介绍可以为学前课程具体目标的设定提供依据；心理学理论提供的关于儿童学习动机和学习特点方面的信息，可以为学前课程内容的选择和组织方式提供依据；而且由于心理学是从哲学分化而来，每一种心理学或社会学思想的背后都有哲学假设作为其支持点，带有不同哲学倾向的心理学理论还会在宏观层面决定着课程的根本目标。因此，理论基础的更新成了学前课程向前发展的"方向盘"。

（三）实践探索：学前课程发展的发动机

所有的课程变革都不能仅仅停留在理论层面，其最终是要体现在实践之中；反之，如果只是在理论层面上进行构建与论争，也不足以真正实现课程变革与发展，实践探索才是带动课程向前发展的"发动机"。而且也并没有任何一种哲学、心理学乃至教育学理论可以直接应用于教育实践之中，这些理论必须经过实践的选择与打磨，才能被浓缩、提炼成一种优秀的课程理论，进而传播开来，使其所支持的课程方案在实践中得以广泛的应用。从这个角度来说，课程理论的创生与课程实践的过程是一致的，具有同一性。

回顾 20 世纪美国学前课程发展演变的历程，可以发现每一次课程变革都与实践探索有着密不可分的关系，这在很大程度上是因为美国人信奉实用主义哲学。实用主义哲学非常注重行动与实践，因此被称为一种实践哲学。在 20 世纪初期，霍尔、杜威等人的理论都有实践基础的支撑，随后又回到实践中去接受检验，努力地使教育理论研究与实践相结合。以他们的理论为基础设计出来的各种课程会根据现实情况，在实践中不断地调整。杜威还建立了实验学校，亲自尝试将理论转化为实践。至于爱丽丝·帕特南、帕蒂·史密斯·希尔等学前课程改革的领军人物，同样是从实践出发，不断地对课程做出调整和修正，以一种渐进的方式来对课程进行改革。更为耐人寻味的是，爱丽丝·坦普尔等人全面理解了当时流行的各种教育理论与思想，力求在各种复杂的因素中寻求一种平衡，她曾经带领学生在实践中对"幼小衔接课程"进行了长达 11 年的探索，并出版了《幼儿园与小学一年级统一教学法》（1925）一书。但由于这本论著理论性较强，导致他们的课程设计并没能在实践中得以广泛应用。至于 20 世纪 30 年代流行的主情主义课程，则几乎完全是在实践中形成和发展起来的，不论是保育学校课程还是幼儿园的"兴趣课程""需要课程"，都不是在事先形成固定的模式，而完全是以在实践中生成的姿态存在着。不管是具体课程目标的制定还是课程内容的选择，都需要教师在现实情境中，根据儿童的兴趣与需要来进行思考、做出决策。20 世纪 60 年代兴起的各种主智主义课程，大都是从某一种或几种理论出发演绎而成的课程模式，换句话讲，这一时期的课程是依靠"理论带动实践"而向前发展的。即便如此，在课程开发的具体过程中，仍然是由课程设计者带领着一线教师，在其所负责的学前学校之中，通过反复的商讨与实践而形成课程方案。

在美国学前课程发展演变的历程之中，基本不存在完全依靠教育专家凭借某种理论而建构出来的预定性和封闭性的课程模式。新课程开发设计的过程就是一个实践探索的过程，而且总会有或多或少的一线教师，在不同的程度上以各种方式参与进来。可以说，实践探索才是真正带动美国学前课程向前发展的发动机。

（四）举国之力：学前课程发展的护航船

学前课程是一个复杂的教育命题，它是关系到每一个儿童的发展、关系到几代人生命质量、关系到国家前途和民族命运的宏大工程。因而，美国政府与社会各界都积极地参与到了促进美国学前课程改革与发展的事业当中。

　　美国教育专业组织林立，非一般国家能比，这在学前教育界也不例外。这些专业组织开展教育调查研究，举行教育讨论会议，交流教育经验，探讨教育理论问题和实际问题。早在 1878 年，皮博迪就组织成立了"美国福禄培尔协会"，1882 年，它被重组为"北美福禄培尔研究所"，新的福禄培尔研究所的第一个任务就是组织建立全美教育协会的幼儿园部，以此来推动全国化的福禄培尔幼儿园运动。1884 年全美教育协会成立了幼儿园部，1885 年福禄培尔研究所与新成立的幼儿园部正式合并。然而只有几年光景，另一个独立的学前教育组织就成立了。由于全美教育协会日程总是安排得满满的，几乎使得学前教育工作者们没有时间聚在一起，交流探讨关于幼儿园课程方面的事宜。为了促进学前教育事业的进一步发展，提升幼儿园在整个教育系统中的地位，学前教育界的同人们于 1892 年组织成立了"国际幼儿园联盟"（International Kindergarten Union），到了 1918 年时它已经成为世界第三大教育专业组织团体。在国际幼儿园联盟的大会中，课程问题往往成为议论的焦点。20 世纪二三十年代，美国出现了保育学校运动，哥伦比亚大学教授希尔于 1925 年召集了学前教育领域的专家们一起召开了关于保育学校教育的会议，1929 年全国保育协会（National Association for Nursery Education）建立了。在全国保育协会召开的会议中，关于课程问题的研讨是必不可少的。到 1964 年，主智主义的思潮开始影响学前教育领域之时，该协会更名为"全美幼儿教育协会"（NAEYC）。至此，美国出现了三个较大的学前教育领导机构：一个是全美幼儿教育协会；一个是由国际幼儿园教育联盟发展而来的儿童教育国际协会（Association for Childhood Education International, ACEI）；另一个则是由全美教育协会（NEA）的"幼儿园—小学部"发展成的"初级学校—幼儿园—保育学校部"。因此，在 20 世纪 60 年代并没有一个可供讨论问题并达成共识的专业平台。这种专业组织机构的分立使关于课程的观点很难达成统一，从而进一步加剧了学前课程改革的复杂性。自此之后，全美幼儿教育协会逐渐成为美国最有影响力的学前教育专业组织，它由众多教育家和心理学家组成，有着众多的会员和强大的行动力。美国学前课程的发展深受其影响，其于 80 年代颁布的《发展适宜性教育实践》更是被奉为学前教育领域的"绿色圣经"，成为指导学前课程设计的重要原则。

与此同时，美国政府也越来越重视学前课程改革。美国学前课程演进中的一个重要特征是，联邦政府日益把学前教育及课程发展作为国家稳定和发展的重要因素，实施多种行政干预，促进学前教育及课程的发展。美国联邦政府对学前教育的重视由来已久，早在 20 世纪之初它就承担起儿童福利和救济的主要责任，为学前儿童的教育和保育提供政策和资金支持。联邦政府对学前课程的干预始于 20 世纪 60 年代，且势头越来越强劲，正努力把学前课程纳入其施政的轨道。当然，在美国历史上联邦政府的干预对学前课程产生极大影响的事件就是 60 年代中期建立了"开端计划"，这是由政府出资，旨在帮助贫困家庭的儿童，提高他们学业成功概率的计划。为了寻求最优化的投资方式，联邦政府不惜重金支持课程模式的开发和研究。正是由于联邦政府的支持，才促进了各种课程模式的"百花齐放"。20 世纪 70 年代末 80 年代初，"威斯汀豪斯俄亥俄研究"对各种实验性课程方案进行研究而得出了令人沮丧的结果，美国联邦政府受其影响，曾一度降低了对学前课程开发的支持力度。但很快大量有关学前补偿教育的长期效果的研究发现，重新燃起了政府及公众对学前课程的热情，他们更加坚定地认为学前课程对儿童发展是一种最为强有力的干预策略。于是，联邦政府通过加大投资、颁布政策和法案等一系列举措，来对学前课程施加影响。

除此之外，不论是在哪一个时期，美国都有很多慈善机构或团体以及个人对学前事业进行投资，支持学前课程的改革，这里不一一列举。以上这些足以反映出美国政府和社会各界对学前课程的积极关注与参与。学前课程改革与发展要想取得比较好的成绩，最大限度上达到预期目标，就必须有政府在政策和资金上的大力扶持，并倡导全国各界人士积极参与，唤起全社会的热情与理解。

（五）他国之法：学前课程发展的风向标

美国也是一个善于学习别国经验的国家。19 世纪二三十年代在美国兴起的幼儿学校运动就深受欧洲国家的影响，苏格兰的欧文和英国的怀尔德斯平等分别开办了幼儿学校，并很快传入美国。幼儿学校在美国流行的时间不长，就由于种种原因而纷纷关闭了。但幼儿学校中以儿童为中心、以发展为导向的自然主义课程思想种子在美国学前教育的沃土上落地生根。19世纪60年代，福禄培尔幼儿园在美国流行起来，幼儿园运动的先驱者们被德国人带来的幼儿教育理念所唤起，把福禄培尔幼儿园正式引入美国。皮博迪是福禄培尔幼儿园课程的热心倡导者，她在奥尔科特的幼儿学校里面工作时就被当时新的幼儿教育方法所吸引。福禄培尔幼儿园课程一传入，皮博迪就对其很感兴趣，并利用自己所了解的关于福禄培尔教育体系的知识，在实践中运用福禄培尔教学方法。皮博迪的第一个任务是抵制对幼儿进行学术训练的观念。她强调幼儿园不是"过时的幼儿学校"，也不是"初级公立学校"，它是专门为幼儿设立的一种非常与众不同的自然教育机构。在那个时代，福禄培尔课程中流露出的自然主义思想契合了当时美国处于主导地位的教育家们的思想，他们将童年视为生命中一段需要自由游戏的时间，并担心公立学校中严厉的纪律训练和死板的课程会让儿童受到伤害，因此福禄培尔课程在当时的美国得到广泛应用与传播。之后的学前课程在很大程度上是对福禄培尔主义幼儿园课程的继承，像福禄培尔所主张的儿童在学校大部分时间都应该用来操作材料和建构事物，认为游戏在儿童成长中非常重要，游戏是促进儿童发展的完美中介等，在当时的教育领域中是一种全新的观点，并且一直延续了下来。20世纪二三十年代，受英国保育学校运动的影响，美国也开始兴办保育学校。美国保育学校课程基本是对英国麦克米伦姐妹保育学校的移植模仿。麦克米伦姐妹认为，在保育学校课程中，创造性和游戏最为重要，保育学校要通过创设有质量的环境来促进儿童身心全面而自由的发展。美国保育学校运动倡导者们继承和发扬了这些观点，从当时的主情主义学前课程中可以明显看到英国保育学校课程的痕迹。而且这些思想深深地渗入美国保育学校协会领导者们的思想之中，从后来的全美幼儿教育协会所倡导的"发展适宜性教育"的理念中，还可以看到保育学校课程思想的影子。20世纪80年代，就在全美幼教协会与联邦政府针对学前课程应该是注重"学业"还是"发展"的问题进行博弈的时候，瑞吉欧教学法作为一种新的课程方案从意大利漂洋过海来到了美利坚。瑞吉欧教学法在美国一落地，就迅速地生根发芽，也许是因为美国文化与欧洲文化有着共同的渊源，所以对来自欧洲的教育理念与实践有着天然的亲和力。而且瑞吉欧教学法与美国进步主义教育运动中所倡导的"方案教学"存在诸多共同之处，它们本来就有着割不断的联系。但瑞吉欧教学法在美国得以广泛传播更为根本的原因应该在于它为美国学前课程的发展指出了一个新的方向，能够在一定程度上化解学前教育学术团体与联邦政府之间的矛盾，改变那种"非此即彼"的课程思维，实现"学业取向"与"发展取向"课程的整合。瑞吉欧教学法的传入，引起了美国学前教育界的集体反思，并对《发展适宜性教育实践》重新做了修订，从新版的《发展适宜性教育实践》的指导原则和方针中，随处可见瑞吉欧理念的影子。例如，在 1997 年版中曾明确指出"儿童是积极的学习者，他们既利用直接的身体和社会经验，也利用经过文化改造的知识来建构自己对周围世界的理解"，[1] 这表明了美国学前教育界的专业人士吸收了维果茨基的社会建构主义理论，打破原有的对"儿童主动学习"的绝对坚持，承认代际必要的文化传递。此外，《发展适宜性教育实践》的指导原则中还直接提到了瑞吉欧教学模式创始人马拉古兹使用"100 种语言"的比喻来描述儿童不同的认识模式、学习特征以及表达他们所掌握知识的方式，从而要求教师不仅要为儿童创造适合于他们个人偏好的学习方式，而且也要针对儿童不太擅长的表达方式及智力领域，为他们提供帮助。总而言之，瑞吉欧教学法被美国学前教育工作者们视为当代学前课程方案的优秀典范，并成为美国学前教育领域中引领潮流者。

综上所述，我们可以发现美国学前课程在历史演进过程中，深受欧洲学前教育的影响。甚至可以说，在几个课程转型的关键时期都是从隔岸的欧洲吹来一股新风，为美国学前课程的变革指引了方向。他国之法，成了美国学前课程发展的风向标。

二 美国学前课程演进过程的基本特征

（一）准确把握课程时代转型

美国学前课程的演进既是社会发展的结果，也是学前教育实践探索

---

① ［美］莫里森：《当今美国儿童早期教育》（第八版），王全志等译，北京大学出版社 2004 年版，第 482 页。

的产物，同时也得益于学前课程理论研究。正是在这些因素共同作用下，美国学前教育者们才能准确地把握课程转型的时机与要素，促使学前课程随时代发展而不断地变革，保证了学前课程适时的嬗变转型。20 世纪初期，美国社会进入了追逐科学与效率的时代，实用主义思想流行，行为主义心理学盛极一时，于是学前课程开始极力追求科学化与实用化；到了 20 世纪二三十年代，美国社会经济繁荣与危机并存，个人主义、表现主义在美国社会泛滥，受弗洛伊德心理学的影响，学前课程也在大肆宣扬着个体情感的释放；20 世纪 60 年代，美国在冷战和空间竞争的压力下，呼吁加强对儿童进行读、写、算的教育，新的智力发展理论挑战了传统的智力固定说，学前课程则侧重于发展儿童认知能力。在经历了三次重大的时代转型之后，当代美国学前课程走向了变革新阶段，即课程在"发展取向"与"学业取向"之间不断摇摆，并出逐渐呈现整合的趋势。可以说，美国学前课程的每次历史转型都准确把握了时代的脉搏，这百年来改革中的每一次努力，都将美国的课程引向了一个新领域。

（二）坚持继承与创新同在的变革理念

美国学前课程的演进历程就是一个在继承的基础上不断创新的过程。美国学前课程正是在不断扬弃、整合以往各种学前课程的合理内核的基础上逐步发展起来的。整个 20 世纪的学前课程转型，就是一个通过对以往的各种课程进行扬弃整合，一次次在新水平上实现时代性嬗变的历史过程。实用主义课程继承了福禄培尔课程中的合理成分，以游戏和操作活动作为课程基本的组织形式；主情主义课程在某种意义上则是对实用主义课程中偏向"儿童本位"的自由游戏课程和生成性"儿童中心"课程的进一步发展，并将"儿童中心主义"演绎到了极致；各种带有主智主义色彩的实验课程并不是凭空而降，都可以在历史上向前追溯很久。当代美国学前课程的演变，更是一个否定之否定的过程，每种课程都在不断地调整和完善，力求在原有的基础上有所超越。所以，美国学前课程发展不是相互替代的，而是一个充满冲突与融合，逐步向前发展的过程。

（三）保持着课程模式多样化的格局

从 19 世纪末 20 世纪初美国致力于学前课程本土化探索时起，就形成了一种课程模式多样化的局面。这在很大程度上是因为美国没有国家统一的课程，联邦政府和教育部只对全国的课程标准提出建议，各个州政府据此来制定自己的课程标准，作为学区和学校课程制定的主要依据。此外，在全美国范围内会有一些教育专业组织、慈善性质的机构，以及以学术研究为目的附属于大学的研究所对学前课程的发展提出不同的指导意见。

每一个发展时期美国学前课程模式都不是单一的，它可以在一定的目标导向下包容具有不同理论基础、属于不同流派、有着不同的组织形式和实施方法的多种课程模式。例如，在 20 世纪初出现了主要以杜威实用主义教育思想为基础的"工业化"课程和主题课程、建立在行为主义心理学基础上的行为课程、混合了杜威教育理论和桑代克学习理论的方案教学法等多种课程方案；20 世纪 30 年代，主情主义课程流行，由于没有固定的模式可以遵循，在实践中课程的具体实施则更是丰富多彩、千差万别；到了 20 世纪 60 年代，在主智主义思想的影响下，各种各样的课程方案更是层出不穷，如以混合理论为基础的发展—互动课程、以行为主义理论为基础的贝瑞特—恩格尔曼课程、以皮亚杰认知发展理论为基础的高瞻课程和凯米—德弗里斯课程等。多种课程共存避免了美国学前课程走进僵化、单一、呆板的范式之中，不同课程之间的碰撞与竞争有利于美国学前课程健康发展。

（四）将游戏作为学前课程的核心部分

在美国学前课程领域中，游戏一直是课程体系中的核心部分。福禄培尔指出："游戏是儿童最纯洁的精神产物，给人以欢乐、自由、满足，带来内部的平静，同周围世界和平相处。这一年龄段的各种游戏是整个未来生活的胚芽，因为整个人最纯洁的素质和最内在的思想就是在游戏中得到发展和表现的。"① 福禄培尔认为游戏能够唤醒和加强儿童的道德

---

① ［德］福禄培尔：《人的教育》，孙祖复译，人民教育出版社 1991 年版，第 38、39 页。

感，并具有很强的社会功能。因此，游戏在福禄培尔幼儿园课程中占有很重要的位置，儿童每天都要有大段时间进行户外游戏。到霍尔和杜威那里，更加重视游戏对儿童发展的作用。霍尔认为儿童游戏的本质是一种遗传和本能的冲动，能够使他们的精神放松，情感得到充分的发展。这种观点与精神分析心理学说的游戏观颇有几分相似。杜威则从实用主义的观点来看待游戏，将它看成发展儿童思维、情感和社会性的方法。20 世纪 30 年代流行的主情主义课程更是高度重视游戏，自由游戏活动几乎贯穿了保育学校课程计划的始终。主情主义学前课程的倡导者们受精神分析心理学的影响，认为游戏是促进儿童人格健康发展的中介，可以宣泄情感和欲望，激发儿童的创造潜力；作为一种教学手段，游戏为儿童提供了探索和操作的机会，以避免机械的灌输。20 世纪 60 年代之后流行起来的以皮亚杰理论为基础的课程同样也非常重视游戏在课程中的作用，根据皮亚杰的观点，儿童在游戏中实现与物理世界的相互作用、与同伴的相互交往，在自我调节中建构着对世界的理解。尽管学前教育界的主流一直坚信游戏是儿童最主要的学习方式，但也总有一些行政管理者和家长认为游戏是无目的的活动或者是一种娱乐方式，他们希望将"严肃的活动"引入课程之中，这样儿童才能进行真正的学习。这些人可被视为文化传递主义者，他们遗传了新英格兰清教徒的传统，信奉"责任"与"义务"，强调积极工作。这一派重视学前课程的准备功能，尤其强调读、写、算等基本技能的学习。然而，总的来看，在美国学前教育发展的历史长河中，游戏一直作为学前课程中最核心的部分而存在。

（五）注重使课程贴近社会和儿童的现实

在美国发展历程中，有着多元化的哲学思想，但透过纷繁复杂的发展脉络，仍然可以看到一条明晰的主线贯穿其中，那就是实用主义。它自形成以来一直被认为是美国民族精神的象征，反映在社会生活各个领域中。实用主义思想对教育及课程的影响是极为深刻的，并且一直延续从未间断。在进步主义教育思潮特别是以杜威为代表的实用主义教育思想的影响下所孕育的学前课程实用性的特色，逐渐演变为美国的一种新传统。

　　自从学前课程经过 20 世纪初期的改革从"理想"走向"现实"之后，在整个 20 世纪美国学前课程发展变革的过程中，尽管课程根本目标不断发生着变化，但课程内容的选择以及课程实施一直都在努力地观照社会的现实状况与儿童的实际需求。美国学前教育者们注重使学前课程贴近儿童的现实生活，把教育的重点放在具有实际应用价值的内容上，实用主义课程、主情主义课程以及主智主义课程的具体内容大都是围绕儿童的生活世界来选择。与此同时，他们始终把儿童作为教育中的主体，比较注意观察与分析儿童身心发展特点、现时的需要与兴趣等，努力使课程与儿童当前的实际需求相符合。可以说，绝大部分的美国学前课程方案都更倾向于"现时主义"的价值取向，即关注儿童当前的生活价值，让儿童现在过得愉快与幸福。

（六）"活动性"课程设计理念贯穿始终

　　上文已经提到，实用主义哲学是对美国教育影响最为深远的。尤其是在学前教育领域，通过 20 世纪初期杜威等进步主义教育者的课程理论创新和课程实践改革，实用主义哲学思想已经深入地渗透到美国学前课程之中，并为美国学前课程的设计与实施带来了某些不可逆转的观念。实用主义哲学本身是一种行动哲学，它指导下的课程改革赋予儿童自身的操作活动以重要的价值与地位。因此，美国学前课程十分注重儿童的主动活动（主要包括手工操作活动、艺术创作活动、自由游戏活动等），希望儿童完全通过自己的活动来获得能力、体验情感、建构知识。"活动性"几乎成为美国学前课程设计的永恒法则，在制定课程具体目标、确定课程内容、选择课程实施方法等方面，都特别强调最大限度地调动儿童学习的积极性和主动性，并为儿童进行各种活动提供媒介与平台。无论是实用主义课程、主情主义课程，还是绝大部分主智主义课程（直接教学模式除外），实施过程都是儿童积极、主动地进行各种活动的过程，教师则扮演着儿童活动的激发者、引导者、合作者和监督者等角色，对儿童的活动进行"穿针引线"，于"无形之中"促进教育目的的达成。

三　美国学前课程发展历程与特征
带给我们的思考

（一）学前课程改革要着力于本土化探索

课程改革要立足于本国国情，着力于本土化探索。20世纪初美国教育界人士立足于本国现实国情，着力于课程的本土探索，试图建构适合本国当时社会发展的课程，而不再依赖于欧洲的教育理论，并从此建立了独具特色的课程理论与实践体系，渐渐成为世界学前教育最先进的国家之一，这实在是值得我们学习的。而且，尽管借鉴世界各国尤其是欧洲国家先进的教育理念与实践经验，一直是美国学前教育发展的一个重要策略，但美国在吸取这些教育精粹的时候，从来没有被哪一种特定的理论或方法所局限，而是博采众长，为我所用，尽可能使其与本土文化和理论相融合。从历史上来看，我们的学前课程改革经常犯的就是"拿来主义"错误。我国学前课程的发展史，可以说是一个借鉴、学习外国课程的历史。20世纪初，学前教育事业刚刚起步时，引进了日本式的福禄培尔学前课程。在20世纪二三十年代，又吹起了像美国学习之风。新中国成立之后，学前课程照搬照抄了苏联的分科课程模式。自20世纪80年代以来，我国学前教育界的工作者又一次把目光投向了西方尤其是美国，对它们的学前课程"顶礼膜拜"。时至今日，在我国的学前教育界，对国外课程的关注仍多于本土探索。有学者曾尖锐地指出，我们的学校成了美国等一些国家教育理论的试验田，而真正具有国家和民族特色的教育理论一直比较欠缺。

不可否认，学习国外的课程是必要的，别国的先进经验确实值得我们参考和借鉴。但从国外移植来的课程，终究是一种异质文化，难免"水土不服"。因此，我们在学习美国先进的课程理念与实践的过程中，不能完全将美国学前课程模式移植过来，这是不适宜的也是不可能的，毕竟中西方存在着巨大的思想差异与文化鸿沟。我国学者李辉认为，主观上割裂文化传统、客观上奉迎文化霸权的改革最终必然会出现课程变革与教育实践相脱节的问题。① 朱家雄教授也曾指出，在不同地方、不同文化中，虽然"个性""创造""主动""自主""探索"是一些幼儿园课程变革者一直追求的理念，但并非是中性的、价值无涉的、完全客观的概念。在不同文化中，它们有不同的含义，对它们的价值追求也不尽相同。脱离了文化背景，这些所谓的"先进理念"只是"乌托邦"。② 美国的学前课程终归是在其特殊的西方文化背景中产生的，是在实用主义哲学影响下发展起来的，其表现出的对所谓"民主"与"自由"的追求是以美国人的价值观为基础的，并不具有绝对的普适性。人类学家曾经提出过文化相对论，认为一种文化中的信仰和行为不能用另一种文化的标准来进行评价。这种观点也同样适合学前课程，那种完全将儿童视为教育主体，主张儿童自主活动的"美式课程"与崇尚个性张扬和强调个人主义的文化是相匹配的，却恐怕难以完全被内敛、含蓄、注重集体主义精神的东方文化所认同。

学前课程的理论研究者理应关注我国的文化传统和现实社会发展情况，从自己的实际出发，以尊重本土文化的方式进行课程探索。课程改革的基本出发点就是本国的特有国情，学前课程改革必须满足我国社会发展需要，与文化背景以及时代主导思想相契合；同时也要认清客观现实为课程改革提供的可能和条件，要对我国整体的社会现状以及具体的教育国情做现实的观察，准确把握课程转型的要素与时机，进行课程创新。可以说，本土化探索才是我国学前课程蓬勃发展、走向先进的原动力。

（二）学前课程改革需要理论上的碰撞与论争

美国学前课程的每一次变革都不是一蹴而就的，都要经历一个曲折而艰难的历程，其间充满了碰撞与论战。理论上的探讨与争论可以成为美国学前课程改革与发展的前奏，以 20 世纪初期课程改革为例，当时显在的冲突存在于保守主义者与进步主义者之间，他们专门就课程问题进

---

① 李辉：《普遍论抑或相对论：中国幼教改革之文化学反思》，载《中国视野下的学前教育》，华东师范大学出版社 2007 年版，第 57 页。

② 朱家雄：《幼儿园课程的理论与实践》，华东师范大学出版社 2010 年版，第 32 页。

行了长达 20 年的激烈论争，最终顺应时代的进步主义者彻底战胜了保守主义者，站到美国进步主义教育运动的前沿。与此同时，进步主义者之间也隐含着理念上的冲突，尽管霍尔和杜威都属于进步主义者，都强调儿童的兴趣、需要、能力以及自由，但他们之间也存在一定的分歧，杜威曾对霍尔的一些教育观点发生质疑。霍尔支持的是自由放任主义课程，过于强调儿童的兴趣和自身价值，不重视教育在社会变革中的作用；杜威则把社会问题的解决作为课程的焦点，但他也指出课程必须围绕儿童的兴趣和经验来建构，否则这一目的是不会达到的。① 可以这么说，杜威的课程是以儿童发展为基础，以社会发展为指向的。到了 20 世纪 60 年代之后，伴随着"开端计划"的发起，各种课程实验纷至沓来，当时联邦政府假设存在一种最好的课程模式，于是营造了一种竞争性环境，导致支持不同课程方案的学前教育者之间的争议尤为激烈，这种争论有助于促使大家对所有的课程模式进行重新思考和审视。

综观我国学前课程改革的现状，理论研究者之间缺乏交流和碰撞，并没有形成一个共同的话语讨论体系，在课程改革的过程中，或者是"万众一声"，对某一种理论、政策、方案持集体支持的态度，纷纷撰文大张旗鼓地赞扬；或者是各自"孤军奋斗"，每个人都在自己狭窄的"研究轨道"上越跑越远。这也是导致我国一直缺少原创的、可以为本土的学前教育发展和课程改革提供有效支持的理论体系的原因之一。实际上，理论研究者之间的交流与论争，才是课程理论发展的契机。只有学前课程理论的研究者们把目光聚焦，并且加强彼此之间的交流、碰撞与合作，才能促进课程本土化，真正打造出有中国特色的学前课程理论与实践体系。

（三）学前课程改革需要政府支持、理论研究、实践探索并行

学前课程改革需要政府支持、理论研究、实践探索三者并行。回顾美国学前课程变革历程，可以发现联邦政府、学术团体、教育实践者三方的关系十分密切。早在 20 世纪前半期的学前课程改革中，进步主义教

---

① ［美］派纳等：《理解课程：历史与当代课程话语研究导论》，张华等译，教育科学出版社 2003 年版，第 104 页。

育家就努力使理论研究与实践紧密结合。到了 20 世纪后半期，联邦政府开始直接参与到课程改革中来，提供资金和政策支持，为课程改革创造良好环境，并引导课程改革的方向。20 世纪 60 年代的美国之所以出现了学前课程模式多彩纷呈的局面，很大程度上是因为得到了联邦政府大量的财政支持。

在我国的学前课程改革中，不论是在政策保障还是资金投入方面，国家的支持都略显薄弱，因此很难进行长期的、大范围的课程实验。与此同时，理论与实践脱节问题也比较普遍，没能实现课程理论与实践的良性互动。首先，从理论者方面来看，在我国学前课程改革的实践层面，理论研究者介入不足，教师往往处于一种盲目的执行状态之中。学前教育研究者之间对课程问题的交流与讨论不够充分，很多问题没有从理论上得以澄清，对课程改革的动因、新理论的核心理念与精髓等问题都缺乏深层次的阐释，没有一个稳定而可靠的理论咨询系统，从而导致我国学前课程改革实践中出现上行下效、盲目跟风的局面。造成这一局面的原因有二：第一，一些理论研究者偏爱"书斋式"研究，对实践问题不感兴趣，很少涉足实践。这种"书斋理论"往往不具有真正的指导价值，无法直接指导实践。理论研究者提出的通常是一种理想课程，要想转化为运作课程还需要在实践中不断探索和调整。第二，正是因为缺乏资金和政策的支持，我国又没有 NAEYC 那样强大的民间学术组织，所以正如前文所提到的那样，学前课程研究者之间缺乏交流和碰撞的平台，没有形成一个共同的话语讨论体系。其次，从实践者方面而言，他们也往往将教育理论看作华而不实、无关紧要的东西，他们认为针对教育实践中的种种问题，理论是苍白无力的。出现这种现象的原因是复杂的，既有教育理论自身不够完善的原因，也有教育实践者自身素质的原因，还要受到很多现实的社会因素影响。要改变当前现状，促进我国学前课程向前发展，需要政府支持、理论研究、实践探索三者并行，在政府的大力支持下，实现教育理论与实践的良好而有效的结合。

（四）学习别国课程需要领会其真正内涵

借鉴移植别国课程模式需要站到理论的高度去审视，而且要始终保持理论的视野，绝不能停留在实践层面的效仿。必先究其理论渊源，弄清它赖以构筑的理论根基，并将此课程的基本理念与借鉴移植的根本目的相对照，印证二者是否具有一致性，从而进一步判断这种课程是否顺应了我国当代流行的思潮，是否适合我国的国情，是否与时代的要求相一致。同时，这也是保证在借鉴或移植这种课程的过程中目标不乱、理念清晰、方法得当的根本。如果理论层面没有弄透彻，注定会带来实践中的混乱和迷茫；如果不深刻理解课程蕴含的基本思想，从国外移植的课程会变成"没有灵魂的空壳"。

例如，福禄培尔幼儿园课程的具体程序很容易模仿，但背后深层次的哲学精神却很难被领会吸收。德国移民在建立幼儿园之初，必定分享了福禄培尔重点强调的"统一法则"和社会和谐，但美国幼儿园运动中的新一代教师在日常具体实践中，丢掉了这种教育原则和理念。此外，对福禄培尔材料的机械运用，使美国的福禄培尔课程成为神秘象征主义的空壳；对恩物和作业材料运用过程的精确指导，使教师忽视游戏最初的精神意义。相比之下，20 世纪 80 年代，美国对瑞吉欧教学法的学习可谓深得其精髓和要领，能够将它的核心理念渗透在全美幼教协会颁布的《发展适宜性教育实践》之中，并尝试利用瑞吉欧的教育理念与实践来化解美国学前课程领域中存在的种种问题。

由此，我们可以更深刻地认识到，课程的研究和探索需要理论基础的支撑。这种支撑不仅体现在理论层面上的一种导向，而且更应体现在实践中，诸如课程组织、课程实施等具体环节中。应该说，宏观教育理念向微观教育活动的转化是真正实现教育思想内在价值之所在。只有当课程的研究者和实践者透彻而全面地理解了这种课程每一个具体环节所蕴含的教育思想时，才能保证避免流于形式的机械学习，否则只能是"生搬硬套"，呈现出"模仿课程形式而失却课程精神"的局面。这就需要我们对从国外舶来的课程进行深入的研究、探索和修正，以避免课程改革流于形式，呈现出虚假的繁荣局面。

（五）学前课程改革要在继承的基础上创新

如前面提到的那样，在整个 20 世纪美国学前课程发展的过程中，坚持继承与创新同在是美国学前课程变革的一个基本理念。美国学前教育之所以能够走在世界的前列，形成独具特色的学前课程体系，这在很大程度上是因为其继承、发扬了优秀教育思想，并不断学习、借鉴国外先进的课程，再结合本国实际情况来不断地对课程进行革新。我国进行学前课程改革也要从本国学前课程发展的历史中吸取经验和教训，在继承的基础上创新。与美国学前课程中对儿童主导地位的强调不同，长期以来，在我国的学前课程活动之中都是教师处于主导地位；绝大部分的美国学前课程方案都是以游戏作为基本活动，而在我国的幼儿园课程实践中随处可见的却是集体教学。美国的学前课程固然有其优势与长处，像蕴含其中的尊重儿童的教育思想、符合儿童身心发展特点的课程活动方式（真正地实现以游戏为基本活动、给儿童更多动手操作的机会、活动按照儿童自己的意愿而进行等），但是这种课程也有着自身的不足，它为儿童提供的经验往往是零散而粗糙的，而且这种低结构学前课程方案对教师专业素质提出了相当高的要求。与此同时，我们的集体教学也并不是毫无可取之处，它注重知识的内在逻辑性、系统性与科学性，便于教师组织与利用。如果能将其建立在尊重儿童身心发展特点的基础上，是完全可以在幼儿园课程实施中加以运用的。因此，我们不能妄图全盘抛弃自己的传统，而应该在具有本国特色的原有课程基础上，吸收、融合先进的教育思想以及各种学前课程方案的精华，对我国原有的课程方案进行改造，走一条渐进改革之路。

（六）学前课程改革要打造出多元化的局面

　　在不同的历史时期，美国都会同时存在着多种学前课程方案，呈现出多元化的课程格局。到20世纪60年代，美国政府以及教育研究者们认识到贫困家庭儿童与中产阶级白人儿童之间存在着"文化鸿沟"，因此专门对处境不利儿童进行补偿教育，为他们开发设计了各种主智主义课程方案，这样的行为带给我们深刻的启示。我国的现实国情就是幅员辽阔，人口众多，各地区经济、文化教育基础和自然条件差别很大，城乡差距也越拉越大。针对这种状况，我们进行课程改革，必须采取因地制宜的方针，根据不同地区的经济文化发展水平以及当地的一些特殊情况，提出不同的教育目标，设计出能更好地促进当地儿童发展的"适宜性"课程。特别对于弱势群体，无论是从政策上还是资源配置上，都要给予其足够的关爱以及帮助扶持。专家学者们更要从弱势群体儿童的迫切需要和现实生存环境出发，并放眼其长远发展，开发设计出切实可行的、能最大化地促进弱势群体儿童发展的课程。总之，我国的学前课程改革绝不能妄图在全国范围内推进一种"普适性"的课程理念与实践，而是要努力打造出一种多元化的局面。

结　语

　　美国正式的学前教育走过了一个半世纪的发展历程，经过不到200年的努力，已跻身于世界学前教育的前列。客观审视美国学前教育发展的渐进之路，可以看到，课程问题一直是美国学前教育界探讨争论最为激烈的问题之一，教育变革往往围绕课程变革展开，学前课程变革成了一条贯穿美国学前教育发展的主线索。

　　从宏观的层面俯视，美国学前课程在1860—1960年的百年发展中走过了理念主义—实用主义—主情主义—主智主义的嬗变之路，在经历了三次重大的时代转型之后，当代美国学前课程走向了变革新阶段，即课程在"发展取向"与"学业取向"之间不断摇摆，并呈现出逐渐整合的趋势。但需要指出的是，美国学前课程的历史并不是完全呈直线向前发展的，而是像一条流动的小溪那样，有分支，有转折，也有迂回。任何一个时期都存在着与主流课程体系相异甚至相反的声音；与此同时，理念主义、实用主义、主情主义以及主智主义几种课程流派之间的关系也是错综复杂的，它们彼此之间并不是泾渭分明的，其中充满了冲突与融合。

　　从微观的层面探触，在美国学前课程发展嬗变过程之中，课程理论的创生和课程实践的探索具有同步性，基本不存在那种完全依靠教育专家凭借某种理论而建构出来的封闭性课程方案，不同时期的各种课程方案都是在实践中产生、变化、发展的。任何一种课程方案都是在实践中以不断生成的姿态出现，每一次课程变革都是在实践之中以渐进修整的方式完成的。

　　促进美国学前课程嬗变的原因有很多，但探寻美国学前课程发展的动力机制最根本的是两条思路：从社会变迁的角度寻找外部原因；从其自身发展过程，特别是理论建构过程所经历的变革探析其内部原因。随着时代的发展，社会内部的基本要素必然会发生改变，这就会对学前课程提出各种新需求，社会对学前课程的制约是生产力、经济状况、政治氛围、文化背景等多方面因素综合作用的结果；关于学前课程发展变化自身的内在因素则更为复杂，对其进行深入探讨也是极为困难的，概括说应该是由于不同时代的教育者对"儿童与社会""知识与能力""价值与工具"等几对客观存在于课程内部的基本关系有着不同的认识与把握，从而建构了不同的课程体系，使课程从一个流派转向另一个流派。

美国学前课程是在外部推力与内部动力共同作用下发生变革的。但外部原因与内部原因并不是相互独立、毫不相干的两种作用力，而是彼此交织缠绕在一起，或者说二者是以一种"互构"的方式螺旋式向前发展。这一问题涉及的层面很多，对其进行透视、阐释、解构的过程将相当繁杂，但对此进行深入研究是极其富有价值的。

梳理美国学前课程的演进轨迹，挖掘其向前发展的动力机制，其实是源自一种探寻普遍规律的渴望，这将有助于为我国学前课程改革提供一种历史视野上的借鉴。除此之外，还需要用理性的眼光对美国学前课程的文化适应性及其存在的缺陷做客观的审视，以避免过于盲目的移植借鉴。

综观各种"美式课程"，不难发现隐匿着两种倾向：

其一，"以儿童为中心"的教育思想始终弥散在不同历史时期的各种课程方案之中，尽管也有以教师为中心展开的、注重传授知识与技能的课程方案，但是以儿童为中心的课程方案占据了主流。尊重儿童是教育必须遵循的法则，但美国这种以儿童为中心的课程方案是在其崇尚个人主义的文化土壤中生长起来的，它与中国的文化之间存在着相当大的差异，是否能够完全为我所用或者说在何种程度上为我所用，有待深入研究。

其二，自从 20 世纪初学前教育与科学心理学结盟以来，美国学前教育者们始终倾向于学前课程建立在儿童心理学研究结果基础之上，他们认为这种课程能够最大化地促进儿童发展，并且具有普适性。以科学的心理学研究成果作为学前课程建构的基础是富有丰富价值的，但对学前课程的探索不能过于依靠心理学，从而走上狭隘的道路。儿童不仅是一种自然的存在，也是一种社会的存在，绝不能把目光局限于"生物儿童"，而忽略了"社会儿童"。

我国学前课程改革的路径不是依靠移植各种美式学前课程，也不是简单地将这些"洋课程"本土化，而是客观审视每一种课程方案，弄清其赖以建构的理论基础，并深入考察其优势和劣势所在，知其利弊得失，然后根据时代背景和社会发展趋势权衡取舍，从现实国情与实际需要出发，打造出有中国特色的学前课程理论与实践体系。

时间在流逝，历史在继续。美国学前课程的最新发展动态可以成为本书的一个新的增长点，当下美国学前课程发展过程中的问题与经验，可以为我国的学前课程改革提供新的启示。

参考文献

一　中文部分

（一）著作类

陈晓端、郝文武：《西方教育哲学流派课程与教学思想》，中国轻工业出版社 2008 年版。

丛立新：《课程论问题》，教育科学出版社 2000 年版。

单丁：《课程流派研究》，山东教育出版社 1998 年版。

杜成宪、邓明言：《教育史学》，人民教育出版社 2004 年版。

冯晓霞：《世界教育大系·幼儿教育》，吉林教育出版社 2000 年版。

冯晓霞：《幼儿园课程》，北京师范大学出版社 2001 年版。

高觉敷、叶浩生：《西方教育心理学发展史》，福建教育出版社 2005 年版。

顾明远、梁忠义主编：《世界教育大系·美国教育》，人民教育出版社 2001 年版。

郭德红：《美国大学课程思想的历史演进》，中央编译出版社 2007 年版。

贺国庆：《近代欧洲对美国教育的影响》，河北大学出版社 2000 年版。

何兆武：《历史与历史学》，湖北人民出版社 2007 年版。

洪福财：《幼儿教育史》，台北五南图书出版公司 2002 年版。

黄人颂：《学前教育学参考资料》（上、下册），人民教育出版社 1991 年版。

简楚瑛：《学前教育课程模式》，华东师范大学出版社 2005 年版。

梁志燊：《学前教育学》，北京师范大学出版社 1998 年版。

陆有铨：《躁动的百年：二十世纪的教育历程》，山东教育出版社 1997 年版。

李剑鸣：《历史学家的修养和技艺》，上海三联书店 2007 年版。

李生兰：《比较学前教育》，华东师范大学出版社 2000 年版。

林玉体：《幼儿教育思想》，台北五南图书出版公司 2001 年版。

林玉体：《美国教育史》，九州出版社 2006 年版。

林玉体：《西方教育史》，九州出版社 2006 年版。

林秀锦：《美国的早期保育与教育》，江苏教育出版社 2006 年版。

罗志野：《美国文化和美国哲学》，广西师范大学出版社 1993 年版。

吕达：《课程史论》，人民教育出版社 2000 年版。

孟昭毅、曾艳兵：《外国文化史》，北京大学出版社 2008 年版。

单中惠、刘传德：《外国幼儿教育史》，上海教育出版社 1997 年版。

单中惠：《西方教育思想史》，教育科学出版社 2007 年版。

单文经：《美国教育研究》，台北师大书苑有限公司 1998 年版。

施良方：《课程理论：课程的基础、原理与问题》，教育科学出版社 1996 年版。

石筠弢：《学前教育课程论》，北京师范大学出版社 1999 年版。

唐淑：《学前教育史》，人民教育出版社 2007 年版。

滕大春：《今日美国教育》，人民教育出版社 1980 年版。

滕大春：《外国教育史和外国教育》，河北大学出版社 1998 年版。

滕大春：《美国教育史》，人民教育出版社 2001 年版。

涂纪亮：《美国哲学史》（全三卷），社会科学文献出版社 2007 年版。

王春燕：《中国学前课程百年发展与变革的历史研究》，教育科学出版社 2004 年版。

王加丰、周旭东：《美国历史与文化》，浙江大学出版社 2005 年版。

王天一、方晓东：《西方教育思想史》，湖南教育出版社 1996 年版。

王小英：《国外幼儿教育改革动态与趋势》，东北师范大学出版社 2004 年版。

吴杰：《外国现代主要教育流派》，吉林教育出版社 1989 年版。

吴明海：《欧洲新教育运动的历史研究》，教育科学出版社 2008 年版。

吴式颖：《外国教育史教程》，人民教育出版社 1999 年版。

吴式颖、任钟印：《外国教育思想通史》（全十卷），湖南教育出版社 2000 年版。

夏正江：《教育理论哲学基础的反思》，上海教育出版社 2001 年版。

萧云瑞、诸惠芳、邹海燕：《外国教育史话》，人民教育出版社 2003 年版。

许步曾：《西方思想家论教育》，人民教育出版社 2006 年版。

徐辉、辛治洋：《现代外国教育思潮研究》，人民教育出版社 2007 年版。

杨国赐：《进步主义教育哲学体系与应用》，台北：水牛出版社 1982 年版。

杨桂华：《哲学视域中的社会与教育》，北京师范大学出版社 2009 年版。

杨汉麟、周采：《外国幼儿教育史》，广西教育出版社 1998 年版。

于伟：《现代性与教育》，北京师范大学出版社 2006 年版。

虞永平：《学前课程的多视角透视》，江苏教育出版社 2006 年版。

余中根：《外国教育史研究》，云南大学出版社 2008 年版。

袁爱玲：《当代学前课程发展》，广东高等教育出版社 2007 年版。

袁明：《美国文化与社会十五讲》，北京大学出版社 2003 年版。

张斌贤：《社会转型与教育变革——美国进步主义教育运动研究》，湖南教育出版社 1998 年版。

张斌贤：《外国教育思想史》，高等教育出版社 2007 年版。

张斌贤、孙益：《探索外国教育史研究的新领域与新方法》，广西师范大学出版社 2009 年版。

张焕庭：《西方资产阶级教育论著选》，人民教育出版社 1979 年版。

赵祥麟：《外国教育家评传》（2），上海教育出版社 1992 年版。

钟启泉：《课程与教学论》，华东师范大学出版社 2004 年版。

周采、杨汉麟：《外国学前教育史》，北京师范大学出版社 1999 年版。

左任侠、李其维：《皮亚杰发生认识论文选》，华东师范大学出版社 1991 年版。

朱家雄：《中国视野下的学前教育》，华东师范大学出版社 2007 年版。

朱家雄：《国际主义视野下的学前教育》，华东师范大学出版社 2007 年版。

朱家雄：《建构主义视野下的学前教育》，华东师范大学出版社 2008

年版。

朱家雄：《幼儿园课程的理论与实践》，华东师范大学出版社 2010 年版。

［美］奥恩斯坦：《美国教育学基础》，刘付忱译，人民教育出版社 1984 年版。

［美］艾伦·C. 奥恩斯坦、弗朗西斯·P. 汉金斯：《课程：基础、原理和问题（第三版）》，柯森译，江苏教育出版社 2002 年版。

［美］奥兹迈、克莱沃：《教育哲学》，刘育忠译，台北：五南图书出版股份有限公司 2007 年版。

［美］杜威：《民主主义与教育》，王承绪译，人民教育出版社 1990 年版。

［美］约翰·杜威：《学校与社会·明日之学校》，赵祥麟、任钟印、吴志宏译，人民教育出版社 2004 年版。

［美］杜普伊斯、高尔顿：《历史视野中的西方教育哲学》，彭正梅、朱承译，北京师范大学出版社 2006 年版。

［美］佛罗斯特：《西方教育的历史和哲学基础》，吴元训译，华夏出版社 1987 年版。

［德］福禄培尔：《人的教育》，孙祖复译，人民教育出版社 1991 年版。

［美］戈芬、威尔逊：《课程模式与早期教育》，李敏谊译，教育科学出版社 2008 年版。

［美］吉拉尔德·古特克：《教育学的历史与哲学基础》，缪莹译，湖南教育出版社 2008 年版。

［美］卡尔金斯：《美国文化教育史话》，邓名言译，人民出版社 1984 年版。

［美］克雷明：《学校的变革》，单中惠、马晓斌译，上海教育出版社 1994 年版。

［美］克雷明：《美国教育史（二）——建国初期的历程（1783—1876）》，洪成文等译，北京师范大学出版社 2003 年版。

［美］克雷明：《美国教育史（三）——城市化时期的历程（1876—1980）》，朱旭东等译，北京师范大学出版社 2003 年版。

［捷克］夸美纽斯：《夸美纽斯教育论著选》，任钟印选编，任宝祥等译，人民教育出版社 2004 年版。

［捷克］夸美纽斯：《大教学论·教学法解析》，任钟印译，人民教育出版

社 2006 年版。

[英] 劳顿：《课程研究的理论与实践》，张渭城译，人民教育出版社
  1985 年版。

[法] 卢梭：《爱弥儿》（上、下卷），李平沤译，人民教育出版社 2001
  年版。

[美] 梅休等：《杜威学校》，王承绪等译，教育科学出版社 2007 年版。

[美] 莫里森：《当今美国儿童早期教育》，王全志等译，北京大学出版社
  2004 年版。

[美] 派纳等：《理解课程：历史与当代课程话语研究导论》，张华等译，
  教育科学出版社 2003 年版。

[美] 普鲁纳林、约翰逊主编：《学前教育课程》，黄瑾等译，华东师范大
  学出版社 2005 年版。

[日] 日本世界教育史研究会编：《世界幼儿教育史》（下册），梁忠义
  译，吉林人民出版社 2001 年版。

[美] 坦纳：《学校课程史》，崔允漷等译，教育科学出版社 2006 年版。

[美] 韦恩·厄本、杰宁斯·瓦格纳：《美国教育——一部历史档案》，周
  晟、谢爱磊译，中国人民大学出版社 2009 年版。

[美] 韦布：《美国教育史：一场伟大的美国试验》，陈露茜、李朝阳译，
  安徽教育出版社 2010 年版。

[英] 约翰·洛克：《教育漫话》，杨汉麟译，人民教育出版社 2005 年版。

[美] 约翰·克莱佛雷、丹尼斯·菲利普斯：《西方社会对儿童期的洞见：
  从洛克到史巴克具有影响力的儿童模式》，陈正乾译，台北：文景书局
  有限公司 2006 年版。

（二）期刊类

曹能秀：《教育民主化浪潮下的世界幼儿教育》，《外国教育研究》2008
  年第 3 期。

陈厚云、方明：《美国重视发展学前教育及其启示》，《学前教育研究》
  2001 年第 2 期。

陈厚云：《美国政府为何不断加大幼教投入》，《幼儿教育》2002 年第
  2 期。

陈时见、严仲连：《当代国外幼儿园课程的发展特点》，《外国教育研究》2002 年第 1 期。

但菲：《国外几种幼教课程理论之介绍》，《学前教育研究》1994 年第 8 期。

邓志伟：《二十一世纪世界幼儿教育课程发展的趋势》，《比较教育研究》1998 年第 6 期。

丁邦平：《美国早期儿童教育的改革与发展》，《外国教育研究》1994 年第 2 期。

杜学元、林靖云：《当代教育　改革视野中的教育史研究》，《河北师范大学学报》（教育科学版）2009 年第 3 期。

方明、陈厚云：《幼儿教育　影响长远——介绍美国学前教育长期效果的研究》，《教育科学研究》1995 年第 5 期。

冯晓霞、蔡迎旗、严冷：《世界幼教事业发展趋势：国家财政支持幼儿教育》，《学前教育研究》2007 年第 5 期。

郭本禹：《美国儿童研究运动述评》，《教育研究与实验》1996 年第 1 期。

黄人颂：《美国发展适应性早期教育课程方案的述评》，《华东师范大学学报》（教育科学版）1998 年第 2 期。

李辉：《美国幼儿教育课程标准化运动及其启示》，《学前教育研究》1998 年第 5 期。

李敏谊：《试析美国幼儿教育课程模式的理论流派及其启示》，《比较教育研究》2007 年第 11 期。

李敏谊：《美国早期教育课程模式与当代中国早期教育课程改革》，《学前教育研究》2009 年第 1 期。

李季湄：《国外学前课程模式种种》（上），《外国教育资料》1989 年第 3 期。

李季湄：《国外学前课程模式种种》（下），《外国教育资料》1989 年第 4 期。

李生兰：《美国早期教育课程的理论与实践》，《外国教育研究》1992 年第 4 期。

李生兰：《美国学前教育的特点及启示》，《学前教育研究》2002 年第 3 期。

李毅敏、郭艳：《浅谈美国早期教育改革主要内容及价值取向》，《江西教育》2007 年第 9 期。

林秀锦：《美国各级政府与学前儿童的保育和教育》，《幼儿教育》（教育科学版）2006 年第 9 期。

刘晶波：《新世纪初美国早期教育的强劲趋势——多元文化的融合》（上），《早期教育》2003 年第 3 期。

刘晶波：《新世纪初美国早期教育的强劲趋势——多元文化的融合》（续）》，《早期教育》2003 年第 4 期。

刘开瑜：《美国学前教育的发展趋势》，《西北师大学报》（社会科学版）1987 年第 3 期。

刘彤：《近代美国幼儿教育理论的形成与发展》，《河北大学学报》（哲学社会科学版）2001 年第 4 期。

刘彤：《近代美国幼儿教育体制美国化历程》，《河北师范大学学报》（教育科学版）2002 年第 11 期。

刘文华：《美国几种幼教课程模式之比较》，《山东教育学院学报》2009 年第 2 期。

刘小蕊、庞丽娟、沙莉：《美国联邦学前教育投入的特点及其对我国的启示》，《学前教育研究》2007 年第 3 期。

刘炎：《西方学前教育理论与实践的新进展》，《比较教育研究》2002 年第 7 期。

刘炎、潘月娟、赵静：《早期学习标准化运动述评》，《比较教育研究》2005 年第 5 期。

［法］皮尔·卡斯巴：《谈欧洲教育史研究方法》，《华东师范大学学报》（教育科学版）2006 年第 9 期。

卜玉华：《早期儿童教育课程模型的历史发展及其理论的未来取向》，《学前教育研究》1995 年第 6 期。

卜玉华：《解读"儿童中心观"——一种历史的眼光》，《学前教育研究》2002 年第 4 期。

沙莉、庞丽娟、刘小蕊：《通过立法强化政府在学前教育事业发展中的职责》，《学前教育研究》2007 年第 2 期。

申国昌、周洪宇：《全球化视野中的教育史学新走向》，《教育研究》2009

年第 3 期。

沈婕：《西方学前教育方案及相关"质量"研究的回顾与启示》，《学前教育研究》2004 年第 1 期。

史大胜：《美国儿童早期教育的理念与实践探析》，《外国教育研究》2009 年第 5 期。

宋秋英：《20 世纪 90 年代以来美国学前读写教育改革动向之管窥——基于对"开端计划"改进措施的分析》，《外国教育研究》2010 年第 6 期。

孙贺群、王小英：《从保守走向进步：历史视野中 20 世纪初美国学前课程改革》，《河北师范大学学报》（教育科学版）2010 年第 12 期。

孙贺群、王小英：《嬗变与走向：美国学前课程的历史转型及启示》，《外国教育研究》2011 年第 1 期。

孙贺群：《从实用走向自由——20 世纪中期美国学前课程的变革过程》，《学前教育研究》2013 年第 5 期。

孙贺群：《理想政策的实践困境：美国早期教育质量评级与提升系统运行中的问题与启示》，《外国教育研究》2017 年第 1 期。

王坚红、毛曙阳：《中美两国幼儿教师课程观比较》，《学前教育研究》2007 年第 1 期。

王任梅：《美国学前教育发展的新动向》，《教育导刊（幼儿教育）》2008 年第 5 期。

王余幸、袁爱玲：《美、日、韩三国文化视野下的学前教育课程特色》，《教育导刊（幼儿教育）》2006 年第 5 期。

向美丽：《美国学前儿童保育和教育发展现状及其启示》，《幼儿教育》（教育科学版）2008 年第 9 期。

徐小龙：《HIGH/SCOPE 学前课程模式近二十年的发展》，《学前教育研究》2001 年第 4 期。

徐浙宁：《西方两种早期教育机构的比较——社会建构主义的视角》，《学前教育研究》2006 年第 7—8 期。

严仲连、陈时见：《美国幼儿园课程的改革及启示》，《学前教育研究》2000 年第 6 期。

闫蔚：《美国学前教育早期学习标准解读及启示》，《幼儿教育》2005 年第 3 期。

姚艳杰、许明：《美国开端计划的发展、问题与走向》，《学前教育研究》
　　2008 年第 4 期。

袁慧芳、彭虹斌：《福禄培尔的经验课程初探》，《湖南师范大学教育科学
　　学报》2007 年第 1 期。

曾红台：《美国幼儿课程改革的几个特点》，《教育导刊》（幼儿教育版）
　　1999 年第 6 期。

郑三元、庞丽娟：《美国儿童教育中的"社会学习"课程运动述评》，
　　《比较教育研究》2000 年第 4 期。

张传燧、田景正、路雪：《外国学前教育引进与 20 世纪上半期中国学前
　　教育变革》，《河北师范大学学报》（教育科学版）2007 年第 1 期。

张济州：《世界幼儿教育课程模式比较分析》，《天津师范大学学报》（基
　　础教育版）2009 年第 1 期。

周采：《十九世纪美国学前教育发展概况》，《教育研究与实验》1985 年
　　第 10 期。

周采：《美国先行计划的现状与趋势》，《比较教育研究》2001 年第
　　10 期。

周采：《教育史研究的前提假设及其意义》，《河北大学学报》（哲学社会
　　科学版）2008 年第 1 期。

朱家雄：《儿童发展理论与幼儿园课程关系辨析》，《教育导刊》2006 年
　　第 8 期。

孙贺群：《理想政策的实践困境：美国早期教育质量评级与提升系统运行
　　中的问题与启示》，《外国教育研究》2017 年第 1 期。

二　英文部分

（一）外文著作

Beatty, B. , Preschool Education in America: *The Culture of Young Children from the Colonial Era to the Present*, New Haven, C. T. : Yale University Press, 1995.

Betty L. Broman, *The Early Years in Childhood Education*, Boston: Houghton

Mifflin, 1982.

Biber, B. , *Early Education and Psychological Development*, New Haven, C. T. : Yale University Press, 1984.

Bredekamp, S. & Copple, C. , *Development Appropriate Practice in Early Childhood Program*, Washington, D. C. : National Association for Education of Young Children, 1997.

Cahan, E. D. , *Past Caring*: *A History of U. S. Preschool Care and Education for the Poor*, *1820 – 1965*, New York: National Center for Children in Poverty, Columbia University, 1975.

Caro Seefeldt, *Curriculum for the Preschool-Primary Child*: *A Review of the Research*, Columbus, Ohio: Charles E. Merrill Publishing Co. , 1976.

Committee of Nineteen, *Pioneers of the Kindergarten in America*, New York: Century Co. , 1924.

Debby Cryer, Richard M. Clifford, *Early Childhood Education and Care in the USA*, Baltimore, Md. : P. H. Brookes, 2003.

Evans, E. D. , *Contemporary Influences in Early Childhood Education*, New York: Holt, Rinehart & Winston, 1975.

Edward L. Thorndike, *The Principles of Teaching*: *Based on Psychology*, New York: A. G. Seiler Press, 1916.

Francis Wayland Parker, *Talks on Teaching*, New York: E. L. Kellogg & Co. , 1893.

George S. Morrison, *Early Childhood Education Today* (*Third Edition*), Columbus Ohio: Charles E. Merrill Publishing Company, 1984.

Grace Owen (ed.), *Nursery School Education*, New York: Teachers College Press, 1958.

Helen M. Christianson, et al. (ed.), *The Nursery School*: *Adverture in Living and Learing*, Boston: Houghton Mifflin Company Press, 1961.

Hohmann, M. & Weikart, D. P. , *Educating Young Children*: *Active Learning Practices for Preschool and Child Care Programs*, Ypsilanti, MI: High/Scope Press, 1995.

Jackman, Hilda, L. , *Early Education Curriculum*: *A Child's Connection to the World*, New York: Thomson Delmar Learning, 2009.

Joan P. Isenberg, Mary Renck Jalongo, *Major Trends and Issues in Early Childhood Education: Challenges, Controversies, and Insights*, New York: Teachers College Press, 1997.

Margaret Donaldson, *Early Childhood Development and Education: Readings in Psychology*, New York: The Guilford Press, 1983.

Maria Montessori, Tr. from the Italian by Anne E. George, *The Montessori Method*, London: Heinemann, 1919.

M. C. Day & R. K. Parker (eds.), *The Preschool in Action: Exploring Early Childhood Programs*, Boston: Allyn & Bacon, 1972.

Nina C. Vandewalker, *The Kindergarten in American Education*, New York: The Macmillan Company, 1908.

Peters Donald L., et al., *Early Childhood Education: From Theory to Practice*, California: Cole Publishing Company, 1985.

Robert H. Beck, *Progressive Education and American Progressivism: Caroline Pratt*, New York: Teachers College Press, 1958.

Ronald K. Parker, *The Preschool in Action: Exploring Early Childhood Programs*, Boston: Allyn and Bacon, 1972.

Samuel Chester Parker & Alice Temple, *Unified Kindergarten and First-Grade Teaching*, Boston: Ginn and Co., 1925.

Sharon Lynn Kagan, Kenneth J. Rehage, *The Care and Education of America's Young Children: Obstacles and Opportunities*, Chicago: National Society for the Study of Education: Distributed by the University of Chicago Press, 1991.

Spodek, B., *Handbook of Research in Early Childhood Education*, New York: The Free Press, 1982.

V. Celia Lascarides & Blythe F. Hinitz, *History of Early Childhood Education*, New York: Falmer Press, 2000.

Weber, E., *The Kindergarten: Its Encounter with Education Thought in America*, New York: Teachers College Press, 1969.

Weber, E., *Ideas Influencing Early Childhood Education*, New York: Teacher College Press, Columbia University, 1984.

Wortham, Sue C., *Childhood: 1892 – 1992*, Wheaton: Association for Childhood Education International, 1992.

White, C. Stephen, *Early Childhood Education: Building a Philosophy for Teaching*, Upper Saddle River, N. J. : Merrill, 2000.

Wills, Clarice D. , William H. Stegeman, *Living in the Kindergarten*, Chicago: Follett, 1950.

（二）英文期刊、论文以及学术报告等

Alice Temple, "Subject Matter in the Curriculum", *Journal of Proceeding and Addresses of the National Education Association*, 1919.

Alison Clarke Stewart, "Evolving Issues in Early Childhood Education", *The Education Resources Information Center (ERIC)*, 1986.

Anne Elizabeth Allen, Mate H. Topping, Mary Howell, Eloise Beardsley, "The Kindergarten", *The Elementary School Teacher and Course of Study*, Vol. 2, No. 2, Oct. , 1901.

Adrienne Marie McCollum, A Historical and Contemporary Assessment of Early Childhood Education Goal Statements, University of Massachusetts Amherst, 1975.

Bernard Spodek, Olivia N. Saracho, "On the Shoulders of Giants: Exploring the Traditions of Early Childhood Education", *Early Childhood Education Joural*, Vol. 31, No. 1, 2003.

Bernard Spodek, "Early Childhoood Curriculum and the Definition of Knowledge", *New Orleans: Paper presented at the Annual Conference of the American Educational Research Association*, 1988.

Bernard Spodek, *Knowledge and the Kindergarten Curriculum*, Washington, D. C. : Paper presented at the Annual Conference of the American Educational Research Association, 1987.

Bernard Spodek, *The Past as Prologue: Exploring the Historic Roots of Present Day Concerns in Early Childhood Education*, Paper presented at the Annual Meeting of the American Educational Research Association, 1984.

Catherine C. DuCharme, *The Concept of the Child: 1890 – 1940*, California: California State University, Long Beach, 1995.

Catherine C. DuCharme, "Historical Roots of the Project Approach in the United States: 1850 – 1930", Paper Presented at the Annual Convention of the National Association for the Educationof Young Children, 1993.

Charmaine Lisee Ciardi, *The Historical Development of Early Childhood Educational Programs Including those for Exceptional Children: An Interpretive Study*, The George Washington University, 1969.

Chow, Stanley, *Early Childhood Education*, Washington, D. C. : Superintendent of Documents, U. S. Government Printing Office, 1970.

Clem Adelman, "Over Two Years, What did Froebel Say to Pestalozzi?", *History of Education*, Vol. 29, No. 2, 2000.

Hewes, Dorothy W. , *American Froebelians and Their Understanding of Comenius*, Czecho-slovakia: Paper Presented at the International Standing Conference for the History of Education, 1990.

Hewes, Dorothy W. , *Early Childhood Education: Its Historic Past and Promising Future*, Long Beach: Speech presented at the Annual Graduation Celebration; Early Childhood Education, 1995.

Hyun, Eunsook, *Critical Examination of U. S. Curriculum History in Early childhood Education*, New Orleans: Paper Presented at the Annual Meeting of the American Education Research Association, 2000.

Judith A. Schickedanz, "Early Education and Care: Beginnings", *Journal of education*, Volume 177, Number 3, 1995.

Lucy Wheelock, "Report for Committee of Nineteen of the International Kindergarten Union", *The Elementary School Teacher*, Vol. 8, No. 2, Oct. , 1907.

Lickona, Thomas, *Developmental Psychology and Early Childhood Education*, Paper Presented by the Psychology Colloquim Series, State University College at Cortland, 1971.

Olivia N. Saracho, Bernard Spodek, "Recent Trends and Innovations in the Early Childhood Education Curriculum", *Early Child Development and Care*,

Vol. 173, 2003.

Sally Lubeck, Patricia Jessup, Mary deVries, Jackie Post, "The Role of Culture in Program Improvement", *Early Childhood Research Quarterly*, No. 16, 2001.

Shipley, G. L., Oborn, C. Stephen, "A Review of Four Preschool: A Preschool Model That Works", Chicago: Paper Presented at the Annual Meeting of the Mid-Western Educational Research Association, 1996.

Shunah Chung, Daniel J. Walsh, "Unpacking Child-Centredness: A History of Meanings", *Curriculum Studies*, Vol. 32, No. 2, 2000.

Suzy Edwards, "Children's Learning and Developmental Potential: Examining the Theoretical Informants of Early Childhood Curricula from the Educator's Perspective", *Early Years*, Vol. 25, No. 1, 2005.

V. Celia Lascarides, "The Role of the United States Government in Early Education during the Depression of the 1930s", Paper Presented at the International Conference for the History of Education, 1989.

White, S. H. & Buka, S. L., "Early Education: Programs, Tradition and Policies", In E. Z. Rothkopf (ed.), *Review of Research in Education*, Washington, D. C.: American Education Research Association, 1987.

后　记

　　本书是在我博士论文的基础上修改而成的。虽说自 2011 年 7 月博士毕业到现在一晃已有六年光景，但回忆起来，从论文选题到定稿的所有经历都历历在目。

　　论文的写作过程并不容易。当初追随恩师王小英教授学习，研究方向为外国学前教育史。而我一直对学前课程理论与实践等方面的相关问题非常感兴趣。于是索性将研究方向与个人兴趣结合起来，定了"美国学前课程发展变革的历史研究"作为自己博士论文选题。定了研究题目，接下来就是查阅资料，构建论文框架。为了获得相关的英文资料，我曾多次通过学校图书馆来办理外文图书的馆际互递业务，也曾在孔夫子旧书网淘到相关的英文书籍。犹记得每次收到心心念念想要的外文图书时那种激动而喜悦的心情。因为一直希望能将美国学前课程理论与实践的发展历程完整呈现出来，所以论文选题的时间跨度比较大，将近百年，这需要阅读大量的外文文献。对我而言，在短时间内完成大量外文文献阅读，并抽象概括出规律性的论文框架，真的是不小的挑战。好在最终在导师的指导以及自己的不懈努力下，论文框架得以建构成今日之样貌。虽仍不完美，但总算是能够清晰地呈现出 20 世纪美国学前课程发展与变革的轨迹以及不同历史时期的美国学前课程的核心特点。之后的论文写作历程，也是非常的艰苦。外文文献的分析是非常耗时耗力的，当时为了能够如期完成博士论文，挑灯夜战是常有之事。最终，论文得以在三年之内完成，但需要完善的地方仍有很多，其中我最希望的是能够将 21 世纪初这一时期美国学前课程理论与实践也做一下深入细致的分析。然而限于时间紧迫，没能如愿。对此心中存有遗憾，当时是想等未来出专著的时候再来完成。

　　时间没有脚，却溜得最快。毕业之后的这几年里，感觉一直很紧张、很忙碌。除了承担着教学工作之外，也有了新的研究兴趣点，先后主持了三项省部级项目，而完善博士论文的事情却被搁置了起来。时至今年，感谢我的工作单位天津师范大学教育科学学院的资助，使得我的博士论文得以有出版的机会。但是忙碌之中，精力有限，确实难以抽出时间再将21世纪初的美国学前课程理论与实践发展变革的内容补充进来，只是在原有基础上做了小修小补。不过，好在本书的付梓问世并不意味着我学术生涯的终结，这只是对过往研究的一个总结，其中的缺陷和不完美将提醒我在未来的学术人生之路上更加认真勤勉，踏实前行。

孙贺群

2017 年 3 月 26 日